Pensees Morales D'Isocrate, De Phocylide, De Pythagore, Des Sages De La Grece Et De Menandre

Isocrates

PENSÉES

MORALES

D'Isocrate, de Phocyli-
de, de Pythagore, des
Sages de la Grece et
de Ménandre.

A DRESDE, 1786.

CHEZ LES FRERES WALTHER.

VIE ABRÉGÉE
D'ISOCRATE.

Isocrate naquit à Athenes dans la premiere année de la quatre-vingt-sixieme olympiade, cinq ans avant la guerre du Péloponese, & quatre cents trente-six ans avant l'ere chrétienne. Théodore, son pere, étoit marchand d'instruments de musique, qu'il faisoit fabriquer par des esclaves. Ce commerce l'enrichit assez pour qu'il pût vivre dans l'abondance, & donner à ses enfants la meilleure éducation. Plus heureux que Démosthene, dont la premiere jeunesse fut totalement négligée, Isocrate fut formé à l'éloquence par les plus habiles maîtres de son tems. Il eut l'avantage d'être instruit par Prodicus, Gorgias, Tisias, Théramene, presque tous revêtus d'emplois publics, & enseignant, au milieu de l'exercice des charges les plus honorables, l'art de la parole, qui les y avoit fait parvenir.

Toute l'ambition d'Isocrate auroit été de servir sa patrie comme orateur, & de signaler ses talents & ses vertus dans le gouvernement de l'état: mais la foiblesse de sa voix, & une timidité insurmontable, ne lui permirent jamais de parler à la tribune. Il se borna donc à composer des discours sur différents sujets, & à ouvrir une école d'éloquence, où il forma des disciples. Il sortit de son école non seulement de grands orateurs, mais des maîtres habiles, de fameux politiques, d'excellents écrivains en tout genre.

Il poussa fort loin sa carriere, sans éprouver aucune de ces incommodités qui sont presque inséparables du grand âge. Cicéron cite la vieillesse d'Isocrate comme un exemple de ces vieillesses douces & agréables que procure ordinairement une vie tranquille, sage & bien réglée. Dans ses dernieres années, il composa son Panathénaïque, que nous avons encore, & dans lequel on voit briller quelques étincelles de son ancien génie.

La perte de la bataille de Chéronée lui causa le plus vif chagrin; & l'on peut dire

qu'il fut un de ceux que ce funeſte revers
enleva à la ville d'Athenes. Il en prévit
toutes les ſuites; & ne pouvant ſurvivre à
la liberté de ſa patrie, il s'obſtina pendant
pluſieurs jours à ne prendre aucune nourriture, & mourut enfin dans la quatre-
vingt-dix-neuvieme année de ſon âge.

Si les auteurs ſe peignent dans leurs
écrits, on ne peut concevoir une trop
grande idée du caractere d'Iſocrate. On
y voit par-tout d'excellentes leçons de morale pour les républiques, pour les monarques, & pour les particuliers: on y trouve, ſur la religion, des idées auſſi ſaines
qu'on puiſſe en attendre d'un philoſophe
né dans le ſein du paganiſme & abandonné
à ſes ſeules lumieres. Les fables indécen-
tes au ſujet des dieux, que le génie des poëtes avoit accréditées, le révoltoient; &
dans un de ſes diſcours il déclame avec
force contre les principaux inventeurs de
l'ancienne mythologie. Tous ſes ouvrages annoncent une nobleſſe d'ame & une
générofité dont il avoit donné pluſieurs
traits frappants dans le cours de ſa vie.

Beaucoup de perſonnes ſe ſont fait de
cet orateur une idée abſolument fauſſe;

elles ne le regardent que comme un écrivain poli & agréable, & ne s'avifent guere
de chercher en lui un grand philofophe &
un excellent moralifte.　Pour les détrom-
per, il fuffit de rapporter les témoignages
de Platon & de Denys d'Halicarnaffe.
Écoutons d'abord Platon, qui, dans fon
dialogue intitulé Phedre, fait parler ainfi
Socrate:

　„Ifocrate eft jeune, mon cher Phedre;
„mais je veux vous dire ce que j'en augu-
„re.　Je le trouve d'un génie bien fupé-
„rieur à Lyfias pour l'éloquence, fans
„compter qu'il a plus de goût pour la ver-
„tu & pour la faine morale.　De forte
„qu'avec le tems, & s'il perfévere dans le
„genre d'étude auquel il s'applique, il ne
„faudroit pas s'étonner qu'il l'emportât un
„jour fur tous les orateurs qui l'ont précé-
„dé, autant qu'un homme l'emporte fur
„un enfant: ou s'il ne trouve pas dans
„cette étude de quoi fe fatisfaire, on le
„verra peut-être, faifi d'un mouvement di-
„vin, s'élever à quelque chofe de plus fubli-
„me; car ce jeune homme eft naturelle-
„ment philofophe."

　Denys d'Halicarnaffe n'eft pas moins
favorable à Ifocrate que Platon: „Ce qui

„rend à jamais Isocrate digne d'éloges, dit
„ce critique judicieux, c'est le choix de ses
„sujets, toujours nobles, toujours grands,
„toujours dirigés vers l'utilité publique. Il
„ne se proposa pas seulement d'embellir
„l'art de la parole, il voulut perfectionner
„les ames, & apprendre à ses disciples à
„gouverner leur famille, leur patrie, le
„corps entier de la Grece. Tous ses dis-
„cours respirent & font naître l'amour des
„vertus publiques & privées."

On ne peut rien ajouter à ces témoignages, que l'exposition même de la morale
d'Isocrate: le public verra par lui-même,
dans les extraits que nous mettons aujourd'hui sous ses yeux, si Platon & Denys d'Halicarnasse ont exagéré. Trois de
ses discours, dont deux ont été composés
pour Nicoclès, roi de Salamine, & dont
le troisième est adressé à un jeune Athénien nommé Démonique, nous ont fourni
le plus grand nombre de maximes: nous
en avons extrait quelques unes des autres
discours sur différents sujets. Nous pré-
senterons quelquefois en masse des mor-
ceaux un peu plus étendus, pleins de grandes leçons que nous ne devions pas omet-

A iv

tre, & que nous n'aurions pu réduire en
maximes détachées. Enfin, nous avons
tâché de former un corps de morale inté-
ressant, propre à faire connoître le grand
écrivain dont nous avons tiré ces excellents préceptes.

Le manuel d'Epictete, renferme, ainsi que le discours d'Isocrate à Démonique, une suite de maximes morales plus
ou moins étendues; mais ces maximes
sont bien différentes, & pour le fond, &
pour la forme. Epictete, philosophe austere, trace des regles & donne des préceptes à tous les hommes, pour leur apprendre à mettre leur vertu & leur bonheur à l'abri de toutes les opinions humaines & de tous les événements. Son sage
sera doux & ferme, parcequ'il ne s'effraie-
ra, ne s'irritera, ne s'affligera, ne se ré-
jouira de rien; mais il sera froid & apathi-
que. La morale d'Epictete est pure &
saine; son style est vif & précis, mais sans
douceur & sans grace.

Isocrate, philosophe plus agréable &
moins sévere, apprend à son jeune disci-
ple, non seulement à se maintenir heureux
& vertueux au milieu des hommes, mais à
plaire à ceux avec lesquels il doit vivre, à

ne pas les choquer par ſes manieres, à uſer
de prudence & de circonſpection pour ménager ſes intérêts, à ſe prêter quelquefois
aux circonſtances des tems & aux goûts des
perſonnes. Sa morale, quoique très pure
en général, n'eſt pas toujours de la plus
exacte ſévérité: la diction en eſt grave,
mais douce & moëlleuſe; l'écrivain s'eſt
étudié à contenter l'eſprit par la juſteſſe des
idées & la préciſion du ſtyle, à elever l'ame
par la grandeur & la nobleſſe des ſentiments, à flatter l'oreille par les charmes &
l'harmonie du langage.

◆◆◆◆◆◆◆◆◆◆◆◆◆◆◆◆◆◆◆◆◆◆

PENSÉES MORALES
d'Iſocrate.

_____

I.

Dans les diſcours de morale, il ne faut
pas chercher des choſes neuves, puiſque
ces ſujets ne nous offrent que des vérités
ſimples & communes puiſées dans les
actions ordinaires de la vie. Le mérite de
ces ouvrages eſt de raſſembler, autant qu'il

est possible, les maximes éparses chez tous les hommes, & de les présenter d'une maniere intéressante.

II.

Les leçons qu'on adresse aux particuliers ne sont profitables qu'à eux seuls: instruire les souverains sur leurs devoirs, c'est être également utile aux souverains & aux peuples; c'est assurer en même tems l'autorité des uns & la félicité des autres.

III.

Estimez sur-tout l'homme sage qui a de grandes vues, & soyez persuadé qu'un ami de bon conseil est, de tous les biens, le plus précieux, le plus nécessaire, le plus digne d'un roi.

IV.

Croyez que c'est contribuer efficacement à étendre votre empire, que de vous inspirer le goût des connoissances utiles.

V.

Telle sera la sagesse du souverain, telle sera la gloire & la prospérité de son regne.

VI.

Travaillez à surpasser les autres en mérite autant que vous les surpassez en grandeur & en dignité.

VII.

Ne vous imaginez pas que le foin &
l'étude, fi utiles d'ailleurs, ne foient d'aucun fecours pour nous rendre plus vertueux & plus fages: l'homme feroit trop
malheureux, fi, ayant trouvé les moyens
de dreffer & d'apprivoifer les animaux les
plus féroces, il ne pouvoit fe former lui-
même à la vertu.

VIII.

Raffemblez auprès de vous tout ce qu'il
y a de fages dans votre royaume; appel-
lez-en, s'il le faut, des pays les plus éloignés. Recherchez les poëtes & les philofophes les plus eftimables: écoutez les maximes des uns, pratiquez les leçons des autres. Pour les arts & les talents, contentez-vous d'être juge; mais dans tout ce qui
a rapport à la fcience de régner, foyez jaloux de difputer vous-même le prix.

IX.

Il n'eft pas néceffaire qu'on vous ex-
horte à vous inftruire, fi vous fentez combien il eft révoltant que l'infenfé gouverne
le fage, & que l'homme fans mérite commande à l'homme d'un mérite diftingué.
Plus l'ignorance vous aura choqué dans les

autres, plus vous ſerez empreſſé vous-même d'acquérir des connoiſſances utiles.

X.

Aimez les hommes, aimez vos ſujets;
tous les êtres dont le ſoin nous eſt confié,
les hommes, les animaux même, ſi nous
ne les aimons, comment pourrions-nous
les bien gouverner? Aimez donc le 'peuple, & faites-lui aimer votre autorité. Pér-
ſuadé que tout gouvernement ſe maintient
par l'attention à ménager les intérêts de la
multitude, vous ſaurez à la fois la proté-
ger & la contenir; vous éleverez aux honneurs les plus dignes citoyens, & vous ga-
rantirez les autres de l'oppreſſion.

XI.

Changez & réformez les ordonnances
& les coutumes vicieuſes; adoptez les ſages réglements des étrangers, ſi votre ſageſſe ne vous en dicte pas de meilleurs;
n'établiſſez que des loix juſtes, utiles, con-
ſéquentes, auſſi peu capables de faire naître
des démêlés parmi les citoyens, que propres à les terminer promptement: car telles ſont les qualités que doivent avoir de
bonnes loix. Faites en ſorte qu'il ſoit auſſi
facile de s'enrichir dans le commerce, que

de fe ruiner en plaidant; par-là, on évitera
l'un, & l'on fe portera avec empreffement
vers l'autre. Que votre juftice, toujours
impartiale, foit fourde à la faveur; & que
vos jugements, toujours les mêmes, ne
changent qu'avec les objets. La dignité du
prince & l'avantage des peuples demandent
que fes fentences aient le caractere des
bonnes loix, qu'elles foient immuables
comme elles.

XII.

Gouvernez votre royaume comme un
pere gouverne fa famille. Soyez auffi
magnifique quand il s'agit de déployer
l'appareil de la majefté royale, qu'écono-
me dans votre vie domeftique & dans l'ad-
miniftration de vos finances : c'eft le moyen
de foutenir l'honneur de votre rang, & de
fuffire à tout.

XIII.

Ne cherchez pas à briller par de ftéri-
les profufions qui s'évanouiffent & ne laiffent après elles aucune trace; montrez de
la magnificence, foit dans les grandes occafions où il faut paroître, foit quand vous
voulez acquérir des poffeffions folides, ou
récompenfer des amis fideles. De telles

dépenses ne feront point perdues pour vous, & elles feront plus profitables à vos defcendants que de vaines fomptuofités.

XIV.

Reftez inviolablement attaché à la religion de vos peres. Souvenez-vous que l'hommage d'un cœur droit & vertueux honore plus les immortels, que la pompe du culte extérieur & la multitude des victimes: c'eft par la juftice qu'on obtient ce qu'on leur demande, plutôt que par les facrifices.

XV.

Accordez les places les plus brillantes à vos parents les plus proches; mais réfervez les plus importantes à vos amis les plus finceres.

XVI.

Croyez que votre prudence, la vertu de vos amis, & l'amour de vos fujets, font la meilleure garde de votre perfonne: c'eft par ces moyens fur-tout que l'autorité s'acquiert & fe conferve.

XVII.

La fortune des particuliers ne doit pas vous être indifférente; ils ne peuvent ruiner leurs affaires fans nuire aux vôtres, ni augmenter leurs richeffes fans accroître vos tréfors. L'opulence de chaque citoyen eft un fonds affuré pour les bons rois. *)

XVIII.

Que votre royaume foit pour tous les étrangers un afyle sûr; qu'ils y trouvent une juftice toujours prompte. S'ils viennent à votre cour, préférez ceux qui font jaloux de mériter vos bienfaits, à ceux qui vous apportent des préfents: honorer les premiers, c'eft vous honorer vous-même.

*) On ne croit pas en général devoir fe permettre d'ajouter aux maximes d'Ifocrate, qui font claires par elles-mêmes, & faciles à entendre. Mais ici l'on ne peut s'empêcher de citer une parole de Henri IV., qui a beaucoup de rapport avec la maxime préfente. Un ambaffadeur étranger lui demandoit ce que lui valoit la France: *Ce que je veux*, répondit ce bon roi. C'eft qu'il procuroit à fes fujets toutes les facilités de s'enrichir, & qu'il étoit affuré que leur bourfe lui feroit toujours ouverte.

XIX.

Dans toutes les circonstances, montrez-vous ami de la vérité, & religieux observateur de vos promesses: votre simple parole doit être plus sacrée que les serments des autres. *)

XX.

Ne cherchez pas à gouverner votre peuple par la terreur, ni à intimider l'innocence. Quand vos sujets auront appris à vous aimer plus qu'à vous craindre, vous les aimerez vous-même sans les redouter.

XXI.

Ne faites rien avec colere; affectez toutefois d'être irrité lorsqu'il est à propos. Exact dans la recherche des fautes, soyez modéré dans la punition: que la peine soit toujours au-dessous du délit.

XXII.

Que votre autorité ne tire sa force, ni de la dureté du commandement, ni de la rigueur

*) „Si la bonne foi & la vérité," disoit Jean le Bon, roi de France, „étoient bannies „de tout le reste du monde, elles de- „vroient se trouver dans la bouche des „rois."

rigueur des châtiments, mais de la supériorité de votre fageffe, & de l'opinion où
feront tous les citoyens que vous êtes plus
éclairé qu'eux-mêmes fûr leurs véritables
intérêts.

XXIII.

Tachez d'acquérir toutes les connoif-
fances propres à un guerrier: toujours prêt
à vous défendre, montrez vous ami de la
paix par votre éloignement pour toute
ufurpation.

XXIV.

Ayez pour les états foibles les ménage-
ments que vous defireriez que des états
plus puiffants euffent pour vous-même.

XXV.

Ne pourfuivez pas toujours vos droits
à la rigueur, ne combattez que quand il
vous eft utile de vaincre. On n'eft point
méprifable lorfque l'on cede pour fon
avantage, mais lorfqu'on triomphe à fon
préjudice.

XXVI.

N'honorez pas du nom de grand celui
qui forme des projets au-deffus de fes for-

ces, mais celui qui, sage dans ses desseins, peut exécuter toutes ses entreprises.

XXVII.

Admirez, non le prince qui sut acquérir un vaste empire, mais celui qui gouverne sagement les états qu'il a reçus de ses peres. Croyez que pour être véritablement heureux, il n'est pas besoin de commander à des peuples innombrables au milieu des périls & des craintes; mais qu'il suffit, content de sa fortune présente, & se montrant tel que l'on doit être, de ne se permettre que des desirs modérés, & de pouvoir les satisfaire.

XXVIII.

Ne prenez pas vos amis au hasard; ne vous attachez qu'à des hommes dignes de votre amitie. Cherchez des ministres zélés, plutôt que des courtisans agréables.

XXIX.

Montrez-vous difficile dans le choix de vos amis. Préférez toujours ceux qui vous rendront plus parfait, & qui donneront aux autres une plus haute idée de vous-même.

XXX.

Éprouvez avec foin les hommes qui
vous approchent, & perfuadez-vous que
les perfonnes éloignées de votre cour vous
croiront femblable à ceux avec lefquels
vous aimez à vivre.

XXXI.

Pour vous engager à bien choifir vos
miniftres, n'oubliez jamais que vous êtes
refponfable de leur conduite.

XXXII.

Regardez comme un ami fûr l'hom-
me fincere qui vous avertit de vos fautes,
non celui qui approuve tout ce que vous
dites & tout ce que vous faites.

XXXIII.

Laiffez à la fageffe la liberté de fe faire entendre; elle s'empreffera de vous ai-
der de fes confeils dans les affaires épi-
neufes.

XXXIV.

Apprenez à difcerner l'ami véritable,
du flatteur artificieux; & jamais vous ne
favoriferez le vice au préjudice de la vertu.

XXXV.

Écoutez ce que vos courtifans vous difent les uns des autres: c'eft le moyen de
connoître à la fois & ceux qui vous font
les rapports, & ceux qui en font l'objet.

XXXVI.

Puniffez la calomnie comme vous pu-
niriez le crime.

XXXVII.

Vous commandez aux autres; com-
mandez-vous à vous-même: fongez qu'il
eft indigne d'un monarque de fe rendre
efclave de fes paffions; qu'il doit être maître de fes defirs plus que de fes fujets.

XXXVIII.

Ne vous applaudiffez pas de ce qui
pourroit être l'ouvrage du méchant; tirez
votre principale gloire de la vertu, qui n'a
rien de commun avec le vice.

XXXIX.

Les honneurs les plus folides ne font
pas ceux que l'on vous rend publiquement; ils ne font que trop fouvent arra-
chés par la crainte. Ce qui doit vous flatter, c'eft de voir les citoyens, dans le fein
de leur famille, admirer la grandeur de

votre ame, plutôt que l'élévation de votre rang.

XL.

S'il vous arrive d'avoir des goûts méprisables, cachez-les : mais que votre ardeur pour les grandes chofes ne craigné point de fe montrer.

XLI.

N'exigez pas des fimples particuliere qu'ils foient réglés dans leur vie, tandis que vous vous permettrez de vivre fans regle : foyez au contraire un modele de fageffe ; car le peuple prend exemple fur les maîtres.

XLII.

La meilleure preuve pour vous de la profpérité de votre regne, ce fera d'être enfin parvenu à rendre vos fujets plus riches & plus fages.

XLIII.

Soyez plus jaloux de laiffer à vos enfants de la gloire que des richeffes. Celles-ci font périffables, la gloire eft immortelle. L'or peut être le prix de la gloire ; mais la gloire ne s'achete pas au poids de

l'or. Les hommes fans mérite peuvent
être riches; le mérite feul peut être célebre.

XLIV.

Soyez auffi magnifique quand vous
vous montrez au peuple, que fimple &
auftere dans votre vie privée, comme il
convient à un prince: ainfi la multitude,
frappée de l'éclat de votre perfonne, vous
croira digne de commander; & vos favo-
ris, à portée de connoître la force de vôtre ame, auront de vous la même opinion.

XLV.

Obfervez-vous dans vos actions & dans
vos paroles: cette attention vous fera éviter bien des fautes.

XLVI.

L'effentiel feroit de fe maintenir dans
les bornes d'une modération exacte: mais
comme il n'eft pas facile de déterminer
ces limites, préférez de refter en deçà, plutôt que de vous porter au-delà. On eft plus
près de la modération en n'allant pas jusqu'au but, que quand on le paffe.

XLVII.

Soyez à la fois grand & populaire.
L'air de grandeur convient à la puiffance

ſouveraine, la popularité eſt propre au commerce de l'amitié. Il eſt difficile de garder un juſte milieu : pour l'ordinaire, celui qui affecte de la grandeur, rebute ; celui qui ſe pique de popularité, s'avilit. Il
faut réunir les deux qualités en évitant l'un
& l'autre extrême.

XLVIII.

Pour acquérir une connoiſſance par-
faite des devoirs du ſouverain, joignez l'expérience à l'étude. L'étude vous indique-
ra les moyens pour agir dans l'occaſion ;
l'exercice & l'uſage vous en donneront la
facilité.

XLIX.

Examinez la conduite des princes &
des particuliers ; conſidérez quelles en ont
été les ſuites ; le paſſé vous inſtruira pour
l'avenir.

L.

Lorſqu'on voit de ſimples citoyens
s'expoſer à mourir pour mériter des éloges après leur mort, combien ſeroit-il peu
digne d'un monarque de ſe refuſer à des
actions qui doivent le combler de gloire
pendant ſa vie !

LI.

Faites en sorte que les statues & les images laissées après vous rappellent moins les traits de votre personne, que le souvenir de vos vertus.

LII.

Employez tous vos soins à vous mettre vous & votre royaume à l'abri de tout danger: mais s'il vous faut nécessairement affronter les périls plutôt que de vivre dans l'opprobre, sachez mourir avec honneur.

LIII.

Quoi que vous fassiez, n'oubliez pas que vous êtes roi, & souvenez-vous de ne déroger jamais à la majesté du trône.

LIV.

Craignez de mourir tout entier: composé d'un corps fragile & d'une ame immortelle, travaillez du moins à laisser un éternel souvenir de la plus noble portion de vous-même.

LV.

Accoutumez-vous à parler des belles actions, afin d'apprendre à penser comme vous parlerez: exécutez ce que vous aura fait approuver une raison saine.

LVI.

Ce que vous admirez, imitez-le; les leçons que vous donneriez à vos enfants, mettez-les vous-même en pratique.

LVII.

Gouverner ou dominer, on confond souvent ces deux choses, qui cependant sont bien différentes. Celui qui gouverne consacre tous ses soins au bonheur de ceux qui lui obéissent; celui qui domine, au contraire, fait servir à ses plaisirs les travaux & les peines de ceux à qui il commande.

LVIII.

Un prince sage, au lieu de se procurer des plaisirs par les peines d'autrui, n'épargne pas ses peines pour faire le bonheur de ses sujets.

LIX.

Bien différent des autres princes qui commandent les travaux & se réservent les plaisirs, un bon monarque prend sur lui les peines, & met en commun les avantages.

LX.

Comment des jours consacrés au bonheur des peuples ne seroient-ils pas heureux!

B v

LXI.

Les hommages d'un cœur libre & fier font infiniment plus flatteurs que les baffes adulations d'une ame fervile.

LXII.

Quand on agit en tyran, on tombe inévitablement dans les maux qu'entraîne la tyrannie, & tôt ou tard l'on fouffre ce que l'on faifoit fouffrir aux autres.

LXIII.

Le pouvoir tyrannique eft un fardeau accablant qui pefe fur les oppreffeurs autant que fur les opprimés.

LXIV.

Le moyen le plus fûr qu'ait un prince pour n'être pas accablé du poids des affaires, eft de s'en occuper: pour lui le vrai repos n'eft pas le fruit de l'inaction, mais d'un fage emploi du tems & d'un travail foutenu.

LXV.

Ce n'eft point par la févérité de fon vifage, mais par la dignité de fa conduite, qu'un vrai monarque cherche à imprimer le refpect. Maître de fes paffions, & jamais leur efclave, il veut par un travail mo-

déré s'affurer dés plaifirs durables, & non
fe préparer de longues peines par des plaifirs d'un moment.

LXVI.

Ne négligez rien, dit Ifocrate à Philippe, pour vous affurer l'amitié d'Athenes.
Il eft bien plus beau de gagner l'affection
des villes que de forcer des places. Les
conquêtes font toujours des ennemis, &
c'eft aux foldats qu'on en attribue la gloire :
au lieu que fi vous vous conciliez la bienveillance & l'amitié des peuples, on ap-
plaudira par-tout à votre politique.

LXVII.

Non, dit encore le même orateur au
même prince, en lui recommandant un de
fes anciens difciples qui s'étoit retiré à fa
cour, non, je ne puis croire qu'il ait jamais à fe repentir de s'être attaché à vous,
fur-tout quand je penfe à la réputation de
douceur dont vous jouiffez, & quand je
vois que vous connoiffez tout l'avantage
de gagner par vos bienfaits des amis utiles
& fideles, & d'obliger en leurs perfonnes
un grand nombre d'autres. Tout homme qui a du mérite fait gré à ceux qui le

recherchent par-tout où il se trouve, &
croit avoir reçu le bien qu'il voit faire.

LXVIII.

On ne peut trop inculquer aux princes que
 c'eſt par la bienfaiſance ſeule qu'ils mérite-
 ront pour toujours les hommages des mortels : écoutons les réflexions qu'Iſocrate
 adreſſe à Philippe pour lui inſpirer ce noble ſentiment.

 Remontez aux âges les plus reculés, &
 conſidérez qu'aucun poëte, qu'aucun orateur ne voudroit prodiguer ſes éloges, ni
 aux richeſſes de Tantale, ni au vaſte empire de Pélops, ni à la puiſſance d'Eurys-
 thée. Mais après avoir célébré Hercule &
 Théſée, illuſtres par une vertu rare & par
 un courage ſublime, tous s'empreſſeroient
 de louer les guerriers de Troie & ceux qui
 leur reſſemblent. Les plus fameux de ces
 héros n'ont régné que dans des villes mo-
 diques & dans des isles étroites; & cependant ils ont rempli toute la terre de la célé-
 brité de leur nom. *) Car, ſans doute, ce

 *) Témoin Ulyſſe, dont le nom a été por-
 té ſi loin, quoiqu'il ne régnât que ſur la
 petite isle d'Ithaque; cette isle, dit Cicéron, qui, placée ſur la pointe d'un ro-
 cher, ne paroiſſoit dans l'éloignement
 que comme un ſimple nid.

ne font pas ceux d'entre eux qui fe font
acquis à eux-mêmes une grande puiffance,
que l'on chérit davantage, mais ceux qui
ont rendu à la Grece les fervices les plus
fignalés.

Et ce n'eft pas feulement pour les héros de Troie qu'on eft ainfi difpofé, mais
pour tous les Grecs qui ont marché fur
leurs traces. Par.'exemple, fi l'on vante
notre république, ce n'eft point pour avoir
acquis l'empire des mers, enrichi fon tré-
for des contributions des alliés, détruit,
agrandi, ou gouverné à fon gré les peuples de fa domination; ces avantages dont
nous avons joui autrefois, ne nous ont at-
tiré que des reproches: mais ce que toute
la terre admire en nous ce font les batailles
de Marathon & de Salamine, & principalement le généreux abandon que nous
avons fait de notre ville pour le falut de
la Grece. *) C'eft d'après la même regle
qu'on juge des Lacédémoniens: leur dé-
faite aux Thermopyles eft plus célébrée

*) Les Athéniens, pour fauver la Grece,
   abandonnerent deux fois leur ville, qui
   fut deux fois brûlée & ravagée; la premiere fois par Xerxès, & la feconde par
   Mardonius fon général.

que toutes leurs victoires. On contemple
avec un sentiment d'admiration & d'amour
le trophée érigé contre eux par les Barbares; tandis qu'on ne peut voir sans gémir
ceux qu'ils ont érigés eux-mêmes contre
les Grecs: l'un est pour nous le témoignage de valeur, les autres ne font qu'un mo-
nument d'ambition.

LXIX.

Nicoclès, roi de Salamine, dans un discours
qu'Isocrate suppose être adressé par ce monarque à ses sujets, leur rend compte des
principes de son administration & de sa
conduite; principes que nous avons re-
cueillis comme une leçon importante.

Pour vous convaincre de mon exactitude à observer la justice, rappellez-vous
dans quelles circonstances je montai sur
le trône. Les tréfors de mon pere se trouvoient épuisés, les finances étoient dans le
plus grand désordre: la confusion régnoit
par-tout; tout demandoit les plus grands
foins, beaucoup d'attention & de dépenfes. Je n'ignorois pas que, dans ces con-
jonctures, on se montre peu délicat sur
les moyens, & que souvent on se voit for-
cé d'agir contre son caractere. Aucune
considération ne m'a fait abandonner mes

principes; j'ai réglé tout avec l'intégrité la plus scrupuleuse, sans négliger ce qui pouvoit contribuer à la gloire & à la prospérité de mon royaume.

Bien éloigné de cette ambition qui convoite les possessions d'autrui, & qui, pour entreprendre sur ses voisins, n'a besoin que de se croire des forces supérieures, on m'a vu résister aux exemples que j'avois sous les yeux, refuser même les pays qui m'étoient offerts, & préférer de me renfermer dans les limites de mes anciens états, plutôt que d'en reculer les frontieres par la violence & l'injustice.

Sur l'article de la tempérance, j'ai encore plus à dire en ma faveur. Je savois qu'il n'est rien de plus cher aux hommes que leurs femmes & leurs enfants; que les injures faites à ces objets de leur tendresse sont celles qu'ils pardonnent le moins; que de pareils outrages occasionnent les plus tristes catastrophes, & que plusieurs particuliers, des monarques même, en ont été les victimes. A cet égard je n'ai eu rien à me reprocher; & du premier moment de mon regne, prenant un engagement légitime, je me suis interdit tout au-

tre goût: non que je ne fuffe qu'on par-
donne aifément ces foibleffes à un prince,
pourvu que, dans fes plaifirs, il ménage
l'honneur de fes fujets; mais j'ai voulu
que ma conduite fût à l'abri du plus léger
foupçon, & pouvoir l'offrir pour modele
à mon peuple, fachant que la foule des citoyens aime à prendre exemple fur fes
maîtres. J'eftimois auffi que les rois devoient être plus parfaits que de fimples
particuliers, en proportion de la fupério-
rité de leur rang; & il me femble que ce
feroit en eux le comble de l'injuftice, de
forcer leurs fujets à fe tenir dans la regle,
tandis qu'ils s'en affranchiroient eux-mêmes. D'ailleurs, voyant des ames affez
communes qui triomphoient des autres
paffions, & de très grands perfonnages qui
s'étoient laiffé vaincre par la volupté, je
me fuis fait une gloire de réfifter à fes attraits, & de m'élever, par cet effort, non
au-deffus du fimple vulgaire, mais au-deffus des héros les plus recommandables par
toute autre vertu. Pour moi, je ne connois rien de fi criminel que ces princes
qu'on voit, au mépris d'un lien formé
pour la vie, changer d'objet tous les jours,
&, par

&, par leur inconſtance, affliger une compagne, à laquelle ils ne voudroient rien pardonner. Ces princes, qui, fideles à leurs
autres engagements, ne ſe font aucun ſcru-
pule de violer le plus ſacré de tous & le
plus inviolable, ne ſentent point qu'une
pareille conduite leur prépare, juſques dans
leurs palais même, des diſſentions & des
troubles. Mais un monarque ſage, non
content de maintenir la paix dans les états
qu'il gouverne, doit s'étudier à la faire
régner dans ſa propre maiſon, & dans tous
les lieux qu'il habite : & ce ſont là des devoirs que preſcrivent la tempérance & la
juſtice.

D'après ces réflexions & ces motifs,
parmi les vertus j'ai préféré la tempérance
& la juſtice ; & parmi les plaiſirs j'ai choiſi
ceux qui naiſſent des actions honnêtes,
dont la gloire eſt le fruit.

LXX.

Chacun de vous (c'eſt un prince qui
trace lui-même à ſes ſujets leurs devoirs)
chacun de vous doit s'acquitter de ſon emploi avec droiture & avec exactitude : car
ſi, faute de l'une ou de l'autre, vous man-

quez à ce qui vous eſt preſcrit, les affaires
manqueront, du moins de votre côté. Gardez-vous donc de dédaigner ou de négliger l'objet qui vous aura été confié;   ne
vous figurez pas qu'il ſoit pour l'état d'u-
ne légere importance; donnez-y la plus ſé-
rieuſe attention, & ſoyez convaincus que
le tout ira bien ou mal, ſelon que chaque
partie ſera bien ou mal réglée.

LXXI.

Prenez ſoin des affaires publiques comme de vos affaires propres, & ne regardez
pas comme un médiocre avantage les honneurs rendus au zele de vos miniſtres.

LXXII.

Reſpectez les biens d'autrui, ſi vous
voulez poſſéder tranquillement les vôtres.

LXXIII.

Soyez à l'égard des autres ce que vous
voulez que je ſois à votre égard.

LXXIV.

Ne vous hâtez pas de vous enrichir:
à une grande fortune préferez toujours une
bonne réputation.   Parmi les Barbares, *)

*) On ſait que les Grecs appelloient Etran-
gers tous ceux qui n'étoient pas citoyens
de leur république, & Barbares, tous ceux
qui n'étoient pas Grecs.

comme parmi les Grecs, ce font les plus diſtingués par leurs vertus qui jouiſſent de la proſpérité la plus ſolide.

LXXV.

Croyez que d'injuſtes profits ſont moins une richeſſe qu'un écueil.

LXXVI.

Ne regardez ni comme une perte ce que vous donnez, ni comme un gain ce qu'on vous donne. On ne perd pas, on ne gagne pas toujours en donnant ou en recevant: l'un & l'autre ne ſont avantageux que ſelon la circonſtance, & qu'autant que l'on agit par un principe de vertu.

LXXVII.

N'exécutez de mauvaiſe grace aucun de mes ordres: plus vous me rendrez de ſervices, plus vous en retirerez d'utilité.

LXXVIII.

Que chacun de vous ſe perſuade que le plus ſecret de ſes mauvais deſſeins ne peut m'être caché, & que je ſuis préſent à ſes délibérations en eſprit ou en perſonne. Ce ſentiment vous fera prendre des partis plus ſages.

LXXIX.

Ne celez ni ce que vous poſſedez, ni ce que vous faites, ni ce que vous projettez de faire; croyez que le déguiſement ne marche jamais ſans la crainte.

LXXX.

Évitez dans votre conduite les voies obſcures & détournées: qu'elle ſoit ſi ſimple & ſi franche, qu'elle ne puiſſe donner priſe à la calomnie.

LXXXI.

Soyez vous‑mêmes les juges de vos actions: comptez qu'elles ſont mauvaiſes, ſi vous deſirez que je les ignore; & qu'elles ſont bonnes, ſi, parvenues à ma connoiſſance, elles doivent me donner de vous une meilleure opinion.

LXXXII.

Si vous voyez des citoyens agir ſourdement contre mon autorité, ne craignez pas de rompre le ſilence, dénoncez‑les: celer le crime, c'eſt le partager.

LXXXIII.

Ne tenez point pour heureux celui qui fait le mal à l'abri du ſecret, mais celui qui fait s'en abſtenir. Tôt ou tard l'un ſubira

la peine qu'il mérite, l'autre recevra la récompense dont il est digne.

LXXXIV.

Ne formez sans mon aveu ni associa-
tions ni assemblées: elles peuvent être utiles dans d'autres gouvernements; dans une
monarchie elles seroient dangereuses.

LXXXV.

Ne vous contentez pas de vous abste-
nir des fautes, évitez même tout ce qui en
pourroit faire naître le soupçon.

LXXXVI.

Croyez qu'il n'est rien de plus solide
& de plus sûr que ma faveur,

LXXXVII.

Travaillez à maintenir la constitution
présente, sans soupirer après un changement: les révolutions qui renversent les
états n'épargnent point les fortunes particulieres.

LXXXVIII.

Ce n'est pas seulement le caractere des
rois, mais celui des sujets, qui fait la douceur ou la rigueur de l'administration.
L'indocilité de ceux que l'on gouverne for-

ce souvent de les traiter avec plus de sévérité qu'on ne voudroit.

LXXXIX.

Comptez moins sur-mon indulgence que sur votre vertu.

XC.

Persuadez-vous que votre sûreté dépend de la mienne: si mes affaires prospèrent, les vôtres prospéreront aussi.

XCI.

Est-il question d'obéir; soyez simples, dociles, attachés aux usages reçus, observateurs exacts des ordonnances du souverain: mais montrez-vous magnifiques & grands lorsqu'il s'agit de remplir des fonctions publiques, & de faire exécuter mes ordres.

XCII.

Excitez les jeunes gens à la vertu, non seulement par des avis & des préceptes, mais en leur apprenant, par votre exemple, ce que doivent être de bons citoyens.

XCIII.

Élevez vos enfants dans la soumission au prince, & accoutumez-les de bonne heure à faire leur principale étude de l'exer-

cice de cette vertu. Ils feront bien plus
en état de commander quand ils fauront
obéir. Qu'ils foient honnêtes & fideles,
ils partageront notre profpérité: ils expo-
feront leur fortune, s'ils font vicieux &
pervers. La plus belle & la plus folide richeffe que vous puiffiez leur tranfmettre,
c'eft ma bienveillance.

XCIV.

Regardez comme digne d'horreur &
de pitié quiconque manque de foi & abufe
de la confiance. Un tel homme doit né-
ceffairement paffer le refte de fa vie dans
les alarmes, craindre tout le monde, & fe
défier de fes amis comme de fes ennemis
mêmes.

XCV.

Ce n'eft pas de ceux qui ont d'immen-
fes richeffes qu'il faut envier le fort, mais
plutôt de ceux qui n'ont rien à fe reprocher. Une confcience pure fait couler
d'heureux jours.

XCVI.

Ne vous figurez pas que le vice foit
plus utile en effet que la vertu, & ne foit

odieux que de nom: jugez de la différence des chofes par la différence des noms
qu'on leur a donnés.

XCVII.

Ne portez pas envie aux citoyens qui
occupent les premieres places: pleins d'u-
ne noble émulation, tâchez, par les mêmes fervices, de vous élever au même rang.

XCVIII.

Chériffez & refpectez celui qui eft ho-
noré de la faveur du prince, afin d'obtenir
pour vous le même avantage.

XCIX.

Ce que vous dites en notre préfence,
penfez-le en notre abfence.

C.

Témoignez-nous votre affection par
des effets plutôt que par des paroles.

CI.

Ne faites pas aux autres ce que vous ne
voudriez pas fouffrir d'eux.

CII.

Ce que vous blâmez en autrui, ne le
montrez pas en vous-mêmes.

CIII.

Attendez-vous à être heureux ou malheureux, selon que vous serez bien ou mal disposés à l'égard de votre prince.

CIV.

Ne vous contentez pas de louer les gens de bien, imitez-les.

CV.

Que mes simples paroles soient pour vous des loix: ayez soin de vous y conformer; & souvenez-vous que, pour réussir comme vous le desirez, vous devez agir comme je l'ordonne.

CVI.

Pour conclure en un mot, soyez, à l'égard du prince qui vous commande, tels que vous voulez que soient à votre égard ceux qui vous obéissent. Attachez-vous seulement à ce principe; il seroit inutile de s'étendre sur le bien qui peut en résulter. Si, de mon côté, je continue à vous gouverner comme par le passé, & que du vôtre vous me soyez toujours également soumis, vous ne tarderez pas à voir l'accroissement de vos fortunes, l'agrandisse-

C v

ment de mon empire, & la profpérité de
tout le royaume. De pareils avantages,
fans doute, ne feroient pas trop achetés au
prix de tous les périls & de tous les travaux: mais ici votre fidélité feule & votre
exactitude vous conduiront fans peine à ce
comble de félicité.

CVII.

Démonique, auquel Ifocrate adreffe un difcours de morale, étoit un jeune Athénien,
fils d'un Hipponique connu dans l'hiftoire
d'Athenes par fa naiffance, par fes grandes
richeffes, & par fon mérite perfonnel. Le
début du difcours qui précede les maximes,
mérite d'être cité en entier; le voici:

Les partifans du vice & ceux de la vertu font rarement d'accord, mon cher Démonique; mais c'eft principalement au fu-
jet de l'amitié que leurs fentiments diffe-
rent. Les uns confervent de l'affection
pour leurs amis, même pendant l'abfence;
les autres, au contraire, ne leur témoignent
d'attachement que tandis qu'ils les voient.
L'amitié des méchants eft peu durable; le
tems ne peut altérer celle des gens de bien.
Ainfi, puifqu'il eft vrai que le defir de la
fcience & l'amour de la gloire nous portent à imiter ceux qui font jaloux de fe

concilier l'eſtime publique, je vous envoie
ce diſcours comme un gage de mon amitié, & comme une preuve de celle qui
m'uniſſoit à Hipponique votre père: car
les enfants, ſans doute, ne doivent pas
moins hériter des amis que des biens de
leurs parents.

La fortune ſe prête à nos vœux, &
nous nous trouvons diſpoſés l'un & l'autre
de la maniere la plus favorable; vous avez
une extrême envie d'apprendre; & je me
fais un plaiſir d'enſeigner: vous êtes paſ-
ſionné pour l'étude des lettres; & j'aime à
conduire ceux qui ſe livrent à cette étude.
S'il eſt bon d'exhorter ſes amis à s'appli-
quer à l'éloquence, il eſt un autre genre
d'inſtruction bien plus intéreſſant; diriger
les jeunes gens, s'occuper à former leurs
mœurs, à leur inſpirer la vertu plutôt qu'à
les exercer dans l'art de la parole, c'eſt un
point d'autant plus eſſentiel, qu'il vaut infiniment mieux les porter à bien vivre, que
leur apprendre à bien parler.

Ce ne ſont donc pas ici, Démonique,
des préceptes d'éloquence, mais des leçons
de morale, que j'ai deſſein de vous offrir.
Il faut que vous appreniez de bonne heure

ce que doit rechercher ou éviter un jeune
homme de votre âge; avec quelles perſonnes il doit ſe lier; enfin, comment il doit
régler ſa vie: car il n'y a que ceux qui ſavent ſe conduire, & qui ſont entrés dans
la vraie route, qui puiſſent arriver au but
qu'ils ſe propoſent, & s'aſſurer de la vertu,
le plus grand, le plus ſolide de tous les
biens. La beauté eſt une fleur que la maladie peut flétrir, & que le tems fait diſpa-
roître: les richeſſes, trop ſouvent inſtru-
ment du vice, nous entretiennent dans une
vie molle, & portent la jeuneſſe à la volupté: la force du corps, jointe à la prudence, n'eſt pas un médiocre avantage;
ſeule, elle nuit plus qu'elle ne ſert; autant
elle eſt utile aux athletes pour leurs exercices, autant elle eſt préjudiciable aux opérations de l'intelligence. La ſeule vertu
eſt toujours profitable; elle n'abandonne
pas dans la vieilleſſe ceux en qui elle s'eſt
accrue & fortifiée avec l'âge; infiniment
préférable aux richeſſes & à la naiſſance,
elle trouve facile ce qui ſembleroit impoſſible, ſupporte avec courage ce qui effraie
la multitude, rougit de l'indolence & s'honore du travail. Il eſt aiſé de s'en convaincre par les combats d'Hercule, & par les

exploits de Théfée: gravée dans l'ame de ces deux héros, la vertu imprima fur toutes leurs actions le fceau d'une grandeur dont la durée des fiecles n'a pu encore effacer la mémoire.

Mais, fans fortir de votre famille, ô Démonique, rappellez-vous la conduite de votre pere: c'eft le plus bel exemple qu'on puiffe vous propofer à fuivre.

Fidele à la vertu, il ne s'abandonna jamais à l'oifiveté. Fortifiant fon corps par le travail, il affermit fon ame par l'habitude des périls. Jufte appréciateur des richeffes, il jouiffoit de fes biens en homme perfuadé qu'il n'étoit pas immortel, & il les adminiftroit avec autant d'économie que s'il eût cru ne devoir jamais mourir. Honorable & magnifique, on ne voyoit rien que de noble dans fa maniere de vivre. Dévoué fans réferve à fes amis, il leur étoit plus attaché qu'à fes parents mêmes: il fentoit que, pour former les nœuds de l'amitié, l'inclination a plus de force que la loi; le choix, que la néceffité; les rapports de caractere, que les droits du fang.

Le tems me manqueroit, fi je voulois entrer ici dans tous les détails de fa vie.

Peut-être un jour je pourrai l'entreprendre; qu'il me suffise maintenant de vous avoir présenté cette foible esquisse, qui peut vous servir de modele. Oui, Démonique, vous devez regarder les vertus paternelles comme votre regle, & vous montrer jaloux de les imiter. Eh quoi! si, par leurs couleurs, les peintres peuvent réussir à représenter les plus beaux traits des êtres vivants, ne seroit-ce pas une honte que des enfants ne sussent point retracer, par leurs actions, le tableau des vertus de leurs peres? Croyez qu'il n'est pas d'athlète qui doive apporter autant de soin pour triompher de son rival, que vous en devez prendre pour égaler votre pere en mérite. Songez aussi que, pour y parvenir, vous devez être attentif à vous remplir l'esprit d'excellentes maximes: si le corps se fortifie par des travaux modérés, c'est par de sages instructions que l'esprit se perfectionne.

Je vais vous tracer en peu de mots les préceptes qui me paroissent les plus propres à vous faire avancer dans les sentiers de la vertu, & à vous mériter l'estime de tous les hommes.

CVIII.

Honorez les immortels par la fidélité
à vos serments, plus encore que par la
multitude des victimes: l'une ne prouve
que l'aisance & la richesse; l'autre atteste
l'innocence & la vertu. Adorez en tout
tems la divinité, mais principalement dans
les fêtes publiques: ainsi l'on verra que
vous honorez les dieux, & que vous ob-
servez les loix.

CIX.

Comportez-vous envers vos parents
comme vous voudriez que vos enfants se
conduisissent un jour envers vous-même.

CX.

Parmi les exercices du corps, attachez-
vous moins à ceux qui peuvent augmenter
vos forces, qu'à ceux qui doivent entretenir votre santé, & n'attendez pas d'être fa-
tigué pour les suspendre. *)

*) Lycurgue n'auroit pas adopté cette ma-
xime pour ses Spartiates. Isocrate, d'un
caractere doux, homme d'étude & de
cabinet, enseignant l'éloquence dont il
avoit fait une étude particuliere, ne con-
seille que des exercices modérés, propres à entretenir la santé du corps sans
nuire aux opérations de l'esprit. L'hi-

CXI.

Ne vous permettez ni des ris immodé-
rés ni des difcours préfomptueux: les uns
annoncent un défaut de fens, les autres dé-
celent la folie.

CXII.

Croyez qu'il n'eft jamais bienféant de
dire ce qu'il feroit honteux de faire.

CXIII.

Ne montrez pas un front dur & févere, contentez-vous d'un maintien grave &
recueilli: le premier défigne l'orgueil, l'autre la prudence.

CXIV.

Soyez perfuadé que ce qui fied davantage à un jeune homme, c'eft la modeftie,
la pudeur, l'amour de la tempérance & de
la juftice. Ce font là les vertus qui doivent former le caractere de la jeuneffe.

CXV.

ftoire cependant nous fournit des exemples de grands perfonnages qui, dans un
corps propre à foutenir les plus rudes
fatigues, ont eu un efprit cultivé par l'é-
tude, & orné des plus belles connois-
fances, qui ont joint le talent de parler
à celui d'agir, & ont fu fe fervir de la
plume auffi bien que de l'épée.

CXV.

S'il vous arrive de commettre quelque action honteufe, ne vous flattez pas qu'elle 'puiffe refter abfolument ignorée: mais quand vous pourriez la dérober à la connoiffance des autres, elle fera connue de vous.

CXVI.

Craignez Dieu. Honorez vos parents. Chériffez vos amis. Obéiffez aux loix.

CXVII.

Ne recherchez jamais que des plaifirs honnêtes. Les plaifirs font un bien, quand ils s'accordent avec l'honnêteté; ils deviennent un mal, dès qu'ils s'en écartent.

CXVIII.

Craignez de donner prife aux imputations de la calomnie, quelque fauffes qu'elles puiffent être: la plûpart des hommes, fans s'informer de la vérité, ne jugent que fur les bruits vulgaires.

CXIX.

Tout ce que vous faites, faites-le comme devant être fu du public: ce que vous aurez caché pendant quelque tems fe découvrira par la fuite.

D

CXX.

C'eſt ſur-tout en ne vous permettant pas vous-même ce que vous déſapprouvez dans les autres, que vous mériterez d'être eſtimé.

CXXI.

Soyez avide de ſavoir, & vous devien-drez ſavant.

CXXII.

Conſervez par l'exercice les connoiſ-ſances que vous aurez acquiſes; acquérez par l'étude celles dont vous ſerez dépour-vu. Ne pas retenir une inſtruction utile, & ne pas garder les préſents de ſes amis, ſont deux choſes également honteuſes.

CXXIII.

Tout ce que vous avez de loiſir, em-ployez-le à écouter les gens inſtruits; par là vous apprendrez ſans peine ce qu'ils n'ont appris que par un long travail.

CXXIV.

Un tréſor de belles maximes eſt préfé-rable à un amas de richeſſes. Celles-ci ſont paſſageres, & nous abandonnent; les autres nous reſtent. De toutes nos poſ-ſeſſions, la ſageſſe ſeule eſt immortelle.

CXXV.

Ne craignez pas de voyager au loin pour aller trouver des hommes qui enseignent des sciences utiles. Les commerçants, pour augmenter leur fortune, affrontent hardiment les mers: ne seroit-ce pas dans les jeunes gens une lâcheté honteuse, de refuser d'entreprendre des voyages par terre pour enrichir leur esprit?

CXXVI.

Soyez póli dans vos manieres, & affable dans vos discours. La politesse demande qu'on salue le premier ceux que l'on rencontre; l'affabilité veut qu'on leur tienne des propos honnêtes. *)

CXXVII.

Civil envers tout le monde, ne vous familiarisez qu'avec les gens vertueux: c'est le moyen d'éviter l'inimitié des uns, & de vous concilier l'amitié des autres.

CXXVIII.

Ne parlez pas trop souvent aux mêmes personnes, ni trop long-tems de la même chose: on se lasse de tout.

D ij

*) Isocrate entre dans des détails qui pourroient paroître minutieux, si on ne se rappelloit qu'il écrit à un jeune homme.

CXXIX.

Préparez-vous, par des travaux volon-
taires, à supporter la fatigue, quand il en
sera besoin.

CXXX.

Travaillez à maîtriser toutes les passions auxquelles il vous seroit honteux d'ê-
tre assujetti, la cupidité, la colere, le plaisir & la douleur. Vous ne vous laisserez
pas asservir par l'intérêt, si vous comptez
pour un gain ce qui peut augmenter votre
gloire plutôt que vos richesses: vous sau-
rez réprimer la colere, si vous vous montrez disposé à l'égard de ceux qui commet-
tent des fautes, comme vous voudriez
qu'on le fût à votre égard si vous en aviez
commis vous-même: vous ne vous laisserez pas dominer par le plaisir, si vous regardez comme une honte d'obéir à la volupté, vous qui commandez à des esclaves: enfin, vous vous affermirez contre
l'infortune, en jettant les yeux sur les mi-
seres d'autrui, & en vous rappellant que
vous êtes homme.

CXXXI.

Soyez encore plus religieux à tenir votre parole, qu'à garder un dépôt: celui

qui fe pique' de vertu doit être fi exact dans
tous fes engagements, que fa fimple parole foit plus sûre que le ferment des autres.

CXXXII.

S'il faut fe défier des méchants, on
doit fa confiance aux gens de bien : mais
ne livrez votre fecret qu'à ceux qui auront
le même intérêt de le garder que vous-
même.

CXXXIII.

Requiert-on de vous le ferment; n'y
confentez que pour tirer vos amis d'un em-
barras, ou pour vous purger d'une accu-
fation diffamante. Duffiez-vous n'affirmer
que la vérité, dès qu'il n'eft queftion que
d'intérêt n'interpofez jamais le nom des
dieux, de peur qu'on ne vous foupçonne
d'avarice ou de parjure.

CXXXIV.

Avant de vous lier avec quelqu'un, fâ-
chez comment il s'eft conduit dans fes premieres amitiés : il eft à croire qu'il n'en
ufera pas autrement avec vous qu'il n'en
ufoit avec les autres.

CXXXV.

Soyez aussi difficile à former des atta-
chements, qu'attentif à ne pas les rompre:
il est aussi honteux de changer sans cesse
d'amis, que de n'en pas avoir.

CXXXVI.

Éprouvez vos amis, mais sans vous
compromettre.   Feignez des besoins que
vous n'ayez pas, & confiez-leur des secrets
qu'il vous importe peu qu'ils révelent: s'ils
répondent à votre confiance, vous serez
plus assuré d'eux; s'ils la trahissent, vous
n'en recevrez aucun dommage. *)

CXXXVII.

Vous connoîtrez vos amis à l'intérêt
qu'ils prendront à vos disgraces, & au zele
qu'ils montreront dans vos détresses. C'est
dans le creuset qu'on éprouve l'or; c'est
dans l'adversité que l'on reconnoît l'ami
véritable.

*) Les moyens que propose l'orateur pour
   s'assurer de la fidélité d'un ami, pourront
   paroître à quelques personnes des ruses
   & des artifices peu dignes d'une ame
   franche & généreuse; d'autres n'y trou-
   veront que de la prudence.

CXXXVIII.

Un des principaux devoirs de l'amitié
eſt de prévenir les demandes de ſes amis,
& de s'offrir de ſoi-même pour les ſecourir dans l'occaſion.

CXXXIX.

Si en matiere d'offenſe il eſt honteux
d'être vaincu par ſes ennemis, *) comptez
qu'il ne l'eſt pas moins de ſe laiſſer vaincre par ſes amis en bienfaits.

CXL.

Reconnoiſſez pour vrais amis ceux qui
s'affligent de vos malheurs, mais plus encore ceux qui ne s'affligent pas de vos ſuccès: pluſieurs partagent les adverſités de
leurs amis, qui portent envie à leur proſpérité. D iv

*) Les Anciens, en général, penſoient que
non ſeulement il n'y avoit pas de mal
à ſe venger, mais qu'il y auroit eu du
mal à ne ſe venger pas, & que ç'auroit
été une marque de lâcheté & de foibles-
ſe de céder à un ennemi en injure. La
vengeance étoit chez les Athéniens ce
que le point d'honneur eſt chez les
François: tant il eſt vrai qu'il nous faut
un motif plus qu'humain pour nous faire vaincre un ſentiment qui n'eſt que
trop naturel.

CXLI.

Parlez de vos amis abfents devant vos amis préfents, afin que ceux-ci connoiffent que vous ne les oublierez pas eux-mêmes en leur abfence.

CXLII.

Cherchez dans vos habits la propreté, non le luxe: le luxe ne fe plaît que dans une oftentation vaine; la propreté s'en tient à une décence honnête.

CXLIII.

Aimez les richeffes, non pour accumuler des tréfors, mais pour en ufer à propos. Celui qui les entaffe & qui ne fait pas en jouir, eft auffi digne de mépris qu'un homme qui acheteroit des chevaux à grands frais, & qui ne fauroit pas les monter.

CXLIV.

Diftinguez dans vos richeffes le néceffaire & le fuperflu: faites-les fervir aux befoins & aux agréments de la vie, car c'eft là pofféder & jouir. *)

*) Ici l'auteur n'eft pas facile à entendre; je ne fais pas fi j'ai bien faifi fon idée. Au refte, la maxime françoife, que je crois être celle d'Ifocrate, eft conforme

CXLV.

N'eſtimez les grands biens que pour
être en état de ſupporter une grande perte,
ou pour ſecourir, dans le béſoin, un ami
honnête : du reſte, n'ayez pour les richeſſes qu'un attachement médiocre.

CXLVI.

Content de votre ſituation préſente,
ne négligez pas de la rendre meilleure.

CXLVII.

Ne reprochez à perſonne ſa mauvaiſe
fortune : l'avenir eſt incertain, c'eſt le ſort
qui regle tout ici bas.

CXLVIII.

N'obligez jamais que les gens vertueux : vos bienfaits ainſi placés ſont un
tréſor. Rendre ſervice aux méchants, c'eſt
nourrir un chien étranger, qui n'aboiera

D v

aux idées de beaucoup de gens du monde, mais non aux principes du chriſtia-
niſme, qui nous ordonne d'employer
notre ſuperflu, non aux agréments de
la vie, mais au ſoulagement des malheureux, & qui nous fait de cet emploi de
nos biens une regle & un devoir in-
diſpenſable.

pas moins après vous qu'après tout autre:
les méchants ménagent aussi peu ceux qui
les ont obligés, que ceux mêmes qui leur
nuisent.

CXLIX.

Le flatteur & le trompeur doivent vous
être également odieux; ils sont également
à craindre pour quiconque leur donne sa
confiance. Si vous regardez comme vos
meilleurs amis ceux qui vous flattent dans
vos défauts, vous ne trouverez personne
qui, pour vous en corriger, veuille encou-
rir votre haine.

CL.

Évitez tout ce qui peut annoncer l'orgueil, & recevez avec civilité tous ceux
qui vous approchent. La fierté & le dé-
dain révoltent même les esclaves; la politesse & l'affabilité se concilient tous les
cœurs. La politesse défend de se montrer chagrin & contredisant, de heurter de
front ses amis lorsqu'ils s'emportent même sans sujet; elle veut qu'on leur cede
dans la colere, & que, pour les avertir,
on attende qu'elle soit calmée: elle n'est
pas moins éloignée d'affecter un ton sé-
rieux devant ceux qui rient, que d'aimer

à rire devant ceux qui parlent férieufe-
ment; le contretems déplaît toujours.
L'homme civil oblige autant par fes manieres que par fes fervices, & craint d'imiter
ces fortes d'amis qui choquent même en
obligeant: il évite ce ton de reproches &
de réprimandes qui ne fait que révolter &
aigrir les efprits.

CLI.

Fuyez les occafions de boire; mais fi
la fociété vous y engage, retirez-vous avant
que d'être furpris par le vin. L'efprit une
fois troublé par l'ivreffe eft comme ces
chars dont les chevaux, ayant jetté bas
leur conducteur, font abandonnés à eux-
mêmes, & fe précipitent au gré de la fou-
gue qui les emporte. De quels écarts
l'homme n'eft-il pas capable, quand la raifon ne le conduit plus!

CLII.

Par l'élévation de vos fentiments, montrez que vous afpirez à l'immortalité; &
par un ufage modéré des chofes, faites voir
que vous vous reconnoiffez mortel.

CXIII.

Vous faurez combien l'honnêteté dans
les propos eft préférable à la rudeffe, fi

vous fongez qu'on peut tirer quelque avantage des autres défauts, mais que la grosfièreté nuit toujours. Tel qu'on a offensé par des paroles, s'en venge souvent par des effets.

CLIV.

Voulez-vous devenir l'ami de quelqu'un? dites du bien de lui devant des gens qui pourront le lui rapporter: nous nous sentons difpofés à l'amitié pour celui qui dit du bien de nous, & portés à la haine pour celui qui en dit du mal.

CLV.

Quand vous délibérez, prenez dans le passé des exemples pour l'avenir: ce qui est déja connu vous fera juger de ce que vous ne connoissez pas encore.

CLVI.

Soyez lent à résoudre, & prompt à exécuter.

CLVII.

Croyez que fi les bons succès viennent des dieux, les bons desseins viennent de nous. *)

*) Cette maxime a du rapport avec ce que dit Horace: *det vitam, det opes; æquum mi*

CLVIII.

Il peut arriver que vous ayez à con-
fulter vos amis dans des chofes fur lefquel-
les vous craignez de vous ouvrir entière-
ment; parlez-en fous le nom d'un tiers, &
comme d'une affaire qui vous eft étrangere: par-là, fans vous être compromis, vous
faurez ce qu'ils penfent.

CLIX.

Lorsque vous voudrez prendre confeil
d'un autre pour vos affaires, examinez d'a-
bord comment il a adminiftré les fiennes:
quiconque a mal réglé fes affaires propres
ne conduira guere mieux celles d'autrui.

CLX.

Rien ne vous portera davantage à dé-
libérer mûrement, que de réfléchir fur les
inconvénients des délibérations précipi-
tées: c'eft ainfi qu'on n'eft jamais plus

animum ipfe parabo: que Jupiter me donne des jours & des richeffes; je me donnerai à moi-même la modération: mais
elle n'eft pas conforme aux idées chré-
tiennes, qui nous repréfentent Dieu
comme auteur de tout ce que nous fai-
fons, de tout ce que nous difons, de
tout ce que nous penfons de bien.

porté à ménager fa fanté, qu'en fe rappellant les fuites fâcheufes de la maladie.

CLXI.

Si vous vivez auprès des rois, prenez
leurs mœurs & leurs ufages. *)   En vous
voyant partager leurs goûts, ils croiront
que vous les approuvez: c'eft le moyen le
plus fimple de fixer fur vous la confidéra-
tion du public & la faveur du prince.

CLXII.

Obéiffez aux loix établies par les monarques; mais regardez fur-tout leur volonté comme la loi suprême. C'eft le peuple qu'il faut ménager dans une démocra-
tie; dans une monarchie, c'eft au fouve-
rain feul qu'il faut plaire. **)

*) Prenez leurs mœurs & leurs ufages, fans
    doute, pourvu que ces mœurs ne foient
    pas mauvaifes, & que ces ufages ne
    foient pas criminels: autrement cette
    maxime ne feroit point d'une faine mo-
    rale.

**) Ifocrate écrivant à un jeune homme
    élevé fous un gouvernement populaire,
    & tranfplanté à la cour d'un monarque,
    lui recommande la foumiffion la plus
    parfaite aux volontés du prince fous les
    loix duquel il vit.

CLXIII.

Quand vous ferez en place, évitez
d'employer des hommes vicieux, bien perfuadé qu'on vous imputera ce qu'ils pourront faire de mal.

CLXIV.

Sortez des emplois plus eftimé, non
plus riche: les éloges du public font pré-
férables aux richeffes.

CLXV.

Ne fecondez ni ne défendez une mauvaife action; car on croiroit que vous
pourriez faire vous-même ce que vous ex-
cufez dans autrui.

CLXVI.

Ne négligez pas de vous élever au-deffus des autres en pouvoir; mais dans votre élévation montrez-vous jufte envers
tout le monde: ainfi l'on verra que ce
n'eft point par foibleffe, mais par efprit
d'équité, que vous rendez à chacun ce qui
lui eft dû.

CLXVII.

A des richeffes mal acquifes, préférez
une pauvreté fans reproche: les richeffes
ne peuvent nous être utiles que pendant la

vie; au lieu que la probité nous comble de gloire même après la mort. Les unes ne font que trop souvent le partage des méchants; l'autre est l'apanage des seuls gens de bien.

CLXVIII.

N'enviez pas la fortune du méchant qui profpere, mais plutôt le fort de l'homme de bien qui ne méritoit pas de fouffrir. Celui-ci, n'eût il pour le préfent aucun autre avantage, aura toujours de plus que l'homme injufte l'efpoir d'un heureux avenir.

CLXIX.

Contentez-vous d'un foin raifonnable pour ce qui regarde le corps; mais cultivez foigneufement votre efprit. Un bon efprit eft ce qu'il y a dans l'homme de plus grand réuni à ce qu'il y a de plus foible.

CLXX.

Fortifiez par le travail votre corps, & votre efprit par l'étude: l'un vous fervira d'inftrument pour exécuter ce que vous aurez réfolu; l'autre vous éclairera fur les réfolutions qu'il faut prendre.

CLXXI.

CLXXI.

Avant que de parler, penfez à ce que vous allez dire: la langue, dans plufieurs, prévient la réflexion.

CLXXII.

Ne parlez que quand vous êtes parfaitement inftruit, ou lorfque vous êtes obligé de rompre le filence. C'eft alors feulement qu'il vaut mieux parler que de fe taire; hors de là, il vaut mieux fe taire que de parler,

CLXXIII.

Il n'eft rien de ftable ici-bas. Que cette vérité vous foit toujours préfente; & vous ne vous laifferez ni tranfporter par la joie dans la profpérité, ni abattre par la douleur dans la difgrace.

CLXXIV.

Dans les bons ou mauvais fuccès, ne vous réjouiffez ni ne vous affligez outre mefure, & n'expofez jamais aux yeux du public votre joie ni votre trifteffe. Il eft étrange que, tandis que l'on prend tant de foin à cacher fon argent, on promene partout avec indifcrétion les fentiments que l'on éprouve.

E

CLXXV.

Redoutez plus l'infamie que le danger: il n'y a que le méchant qui doive craindre la mort; l'homme de bien ne doit appréhender que l'ignominie.

CLXXVI.

Ne vous jettez pas dans le péril sans nécessité; mais s'il vous faut courir les hasards de la guerre, ne craignez que la honte, & ne cherchez votre salut que dans votre courage. Mourir est la destinée commune des hommes; mourir avec gloire est le privilege de l'homme vertueux.

CLXXVII.

Pour vous inspirer encore davantage le goût des choses honnêtes, songez qu'il n'existe de vrais plaisirs que ceux qu'elles procurent. Dans l'état d'une molle indolence, & dans une entiere satisfaction des sens, la peine suit de près le plaisir; on commence par l'un, & l'on finit par l'autre: au lieu que les efforts & les sacrifices que demandent la pratique de la vertu & l'attention à régler sagement sa vie, sont toujours récompensés par une volupté solide & pure; le plaisir vient après la peine. Or, en toutes choses, le souvenir du

passé est beaucoup moins vif que le sentiment du présent; & d'ordinaire, quand on
se porte à une action, c'est moins pour l'a-
ction.même, que pour ce qui doit en résulter.

CLXXVIII.

Songez encore que les hommes sans
principes ont le droit de faire tout ce qu'ils
veulent; c'est sur ce ton qu'ils se sont an-
noncés dans le monde: mais ceux qui se
piquent de régularité ne sauroient, sans
mériter les reproches du public, se négliger dans la pratique de la vertu.

CLXXIX.

Les maximes suivantes sont extraites de di-
vers discours du même auteur: elles offrent chacune différents points de morale
qui n'ont aucune liaison entre eux.

Il importe bien plus aux états qu'aux
particuliers de fuir les vices & de pratiquer
les vertus. L'homme impie & pervers peut
mourir avant que d'avoir subi la peine de
ses crimes; au lieu que les empires, qui
sont en quelque sorte immortels, laissent
aux dieux & aux hommes le tems de les
punir.

CLXXX.

Ordinairement on eſt diſpoſé à ménager ceux qui ſont prêts à ſe défendre; au
lieu qu'on exige d'autant plus, qu'on trouve moins de réſiſtance.

CLXXXI.

Quelque eſtimable que ſoit celui qui
eſt modéré par caractere, on doit eſtimer
davantage celui qui l'eſt encore par réflexion & par principes.   Tout homme qui
n'eſt vertueux que par inſtinct, peut changer par caprice; mais lorſqu'à un heureux
penchant il joint cette conviction que la
vertu eſt le plus grand des biens, on doit
préſumer qu'il ne s'écartera jamais des ſentiments qu'elle inſpire.

CLXXXII.

Il n'eſt rien dans la nature qui ſoit bon
ou mauvais abſolument; c'eſt de l'uſage
des choſes & de celui des circonſtances,
que réſulte le bien ou le mal.   Dans le
bonheur, il faut deſirer la paix, parcequ'un
état de tranquillité eſt plus propre à nous
aſſurer la jouiſſance des biens que nous
avons acquis: dans le malheur, il faut ſon-
ger à la guerre, parceque c'eſt au milieu
du trouble & du tumulte & par la hardieſ-

fe des entreprifes qu'on pourra voir la fortune changer.

CLXXXIII.

Tous ne doivent pas agir de même
dans les mêmes circonflances; chacun doit
fe régler fur les principes qu'il a adoptés
d'abord.

CLXXXIV.

La lâcheté d'un peuple ne fe montre
pas moins dans les délibérations où il s'a-
git d'entreprendre la guerre, que dans la
maniere dont il la fait. La fortune a la
plus grande part aux événements des combats : les réfolutions d'une république dé-
noncent fes vrais fentiments.

CLXXXV.

Ce qui rend & maintient floriffant un
état, ce n'eft ni la force ni la beauté des
murailles, ni une grande multitude d'hommes raffemblés dans la même enceinte,
mais l'excellence & la fageffe du gouvernement. Le gouvernement eft pour une
république ce que la raifon eft pour l'homme. Il en eft l'ame : lui feul fait trouver
des reffources dans toutes les affaires, éloi-

gne les difgraces & fixe le bonheur. Citoyens, miniftres, loix, tout fe forme fur
lui; & la félicité des peuples dépend de la
bonté du régime politique.

CLXXXVI.

Les exploits des ancêtres peuvent faire
honneur à ceux de leurs defcendants qui
s'efforcent de marcher fur leurs traces;
mais ils couvrent de honte ceux qui, par
leur molleffe & par leurs défordres, dés-
honorent une auffi noble origine.

CLXXXVII.

Tous les hommes afpirent au bonheur, mais tous ne favent pas ce qui peut
les conduire au terme; & chacun a fa maniere de voir. Il en eft qui envifagent
comme il faut le but qu'ils fe propofent, &
qui fe mettent en état d'y parvenir; d'autres prennent une route toute oppofée, &
le manquent abfolument.

CLXXXVIII.

Le fage ne perd pas le tems à délibé-
rer fur ce qu'il fait déja; il agit d'après fes
propres lumieres. Lorfqu'il délibere, loin
de fe regarder comme éclairé fur l'avenir,
il fe perfuade qu'on ne peut rien favoir

que par conjectures, & que la fortune seule peut décider de l'événement.

CLXXXIX.

Si l'on a trouvé une infinité de remedes pour les maladies du corps, il n'en est qu'un seul efficace pour les vices, qui sont les vraies maladies de l'ame; c'est de souffrir qu'on nous reprenne courageusement de nos fautes. En effet, ne seroit-ce pas une inconféquence bien étrange, d'endurer les opérations les plus douloureuses, le fer & le feu, pour prévenir de plus grands maux, & de commencer par rejetter des conseils avant que de savoir s'ils sont utiles?

CXC.

C'est moins sur les fautes de ses ennemis qu'on doit fonder ses espérances, que sur l'état de ses affaires, & sur la sagesse de ses conseils. Les succès dus à l'imprudence d'autrui, sont de courte durée, & sujets à de tristes retours; au lieu que ceux qu'on ne doit qu'à soi-même, ont une base solide, & sont moins exposés au changement.

CXCI.

Rien de si dangereux que le pouvoir sans bornes envié par tous les hommes : il

ôte le fens & la raifon à ceux qui s'y atta-
chent; en un mot, il peut être comparé
aux courtifanes, dont les charmes attirent
& perdent ceux qui s'y abandonnent.

CXCII.

Les fervices qu'on reçoit dans la dé-
treffe font ceux qu'on oublie le moins.

CXCIII.

La rudeffe du caractere nous eft auffi
nuifible à nous-mêmes qu'à ceux qui nous
approchent: au lieu que la douceur fe fait
aimer non feulement dans les hommes,
dans les animaux & dans tous les êtres,
mais encore dans les dieux. Nous appel-
lons habitants de l'Olympe les divinités
bienfaifantes; nous donnons des noms
plus triftes *) à celles qui préfident aux ca-

*) Ces noms répondent aux mots françois,
nuifibles, pernicieux. Les divinités qui pré-
fidoient aux châtiments étoient les Furies, & autres. Quoique les Furies euffent un autel à Athènes dans l'Aréopage, afin de rappeller le jugement que ce
tribunal avoit rendu contre elles en faveur d'Orefte; pour l'ordinaire on n'é-
levoit point d'autel à ces fortes de divinités, & on ne leur faifoit point de facrifices; on cherchoit feulement à les
appaifer par des cérémonies appellées

lamités & aux châtiments. Les particuliers
& les villes élevent des temples & des autels pour les unes, tandis que l'on se contente d'appaiser les autres par des cérémonies lugubres, sans les honbrer ni dans les
prieres ni dans les sacrifices.

CXCIV.

Si nous n'avons tous qu'un corps mortel, les éloges prodigués à la vertu & la
durée d'un nom célebre nous font participer à l'immortalité, dont le desir doit sou-
tenir & enflammer notre courage.

CXCV.

En général, on comble de louanges
ceux qui brûlent d'augmenter sans cesse le
trésor de gloire qu'ils possedent; tandis
que ces hommes fortement attachés aux
objets qu'admire le vulgaire, ne sont re-
gardés que comme des ames viles & inté-
ressées.

CXCVI.

La mort au milieu des armés n'est pas
toujours glorieuse: il n'est beau de mourir

E v

apopampai, cérémonies qui tendoient à
détourner le mal qu'elles auroient pu
faire.

à la guerre que pour fes parents, pour fes
enfants, pour fa patrie: mais lorfqu'en
mourant on ne feroit que caufer leur ruine, flétrir fa gloire, & anéantir le fruit des
fuccès paffés, le trépas n'eft qu'une ignominie.

CXCVII.

La force & la vîteffe périffent avec
l'homme; au lieu que les fciences & les
arts lui furvivent, & fubfiftent toujours
pour l'avantage du genre humain. D'a-
près ces réflexions, les gens fenfés doivent
eftimer fur-tout les citoyens juftes & fages
qui les gouvernent, &, après eux, les compatriotes qui les honorent par leurs talents.
Les hommes diftingués en tout genre rendent leur patrie célebre; & par eux feuls
on juge de tout un peuple.

CXCVIII.

Pour l'ordinaire, on ne vante & on
n'eftime pas autant les fils qui font revivre
des peres eftimables, que ceux, par exemple, qui, nés de peres durs & cruels, montrent des inclinations tout oppofées. Et
en général on eft plus fatisfait d'un bien
inefpéré, que d'un avantage auquel on
avoit droit de s'attendre.

CXCIX.

Faire l'éloge d'une vertu extraordinaire, n'est pas moins difficile que de louer un mérite médiocre. Ici les actions manquent à l'orateur; là les discours manquent aux actions.

CC.

Il vaut infiniment mieux être suffisamment instruit des choses essentielles, que de connoître parfaitement des choses inutiles; & avoir quelque supériorité sur les autres dans des objets intéressants, que de briller dans de pénibles bagatelles.

CCI.

Reprendre dans le dessein d'offenser, c'est le rôle d'un accusateur: reprendre avec le desir de corriger, c'est l'office d'un ami qui cherche à être utile; & il faut juger différemment du même discours prononcé avec des intentions différentes.

CCII.

Voici ce que dit Isocrate des Athéniens dans les plus beaux tems de leur administration, du tribunal de l'Aréopage dans ses plus beaux jours, & de l'attention qu'ils prenoient à former la jeunesse.

Le service de la patrie étoit pour les Athéniens, non un commerce où ils eus-

sent à gagner, mais un miniltere où ils
payoient de leurs perfonnes. Leur premier foin, lorfqu'ils entroient en exercice,
étoit d'examiner, non fi leurs prédéceffeurs
avoient négligé quelque profit, mais fi
quelque objet effentiel avoit échappé à leur
vigilance.

Les citoyens indigents, loin de porter
envie aux riches, étoient auffi zélés pour
les intérêts des maifons opulentes, que
pour les leurs propres, perfuadés que la
profpérité de ces maifons étoit pour eux
une reffource toujours ouverte. Les citoyens fortunés, fans mépris pour l'indigence, regardoient comme une honte pour
eux la pauvreté de leurs compatriotes, &
les fecouroient dans leurs befoins.

On peut juger de ce qu'étoit anciennement l'Aréopage par ce qui s'y paffe encore de nos jours. A préfent même, tous
ceux qui en deviennent membre, quelle
qu'ait été leur conduite & quel que foit
leur caractere, n'y font point plutôt en-
très, que rougiffant de fe livrer à leurs mau-
vaifes inclinations, ils les facrifient à l'e-
fprit du corps. Tant nos peres furent in-
fpirer de crainte aux méchants, & impri-

mer dans le lieu de leurs affemblées un
fouvenir ineffaçable de leur vertu & de
leur fageffe!

Ce tribunal étoit donc celui des mœurs.
Croire qu'il y aura de meilleurs citoyens
où il y aura de meilleures loix, c'étoit une
erreur, felon nos ancêtres: car, dans cette
fuppofition, rien n'empêcheroit que tous
les Grecs ne fuffent également vertueux,
chaque peuple pouvant emprunter des autres leurs réglements. Mais ce ne font pas
ces réglements, c'eft une régularité con-
ftante qui fait croître & qui fortifie la vertu. La plupart des hommes fe conduifent
felon les principes dans lefquels ils ont été
nourris. Quant à la précifion des loix &
à leur multitude, elles ne font qu'annoncer la décadence d'un état: ce font autant
de digues qu'il a fallu oppofer aux crimes
à mefure qu'ils fe multiplioient. Auffi des
citoyens fages, au lieu de couvrir de loix *)
les murs de leurs portiques, s'occupoient
à graver dans leurs cœurs des principes de

*) Les loix à Athenes étoient gravées, fur
   des tables de bois ou d'airain, & fufpen-
   dues fous les portiques des principaux
   édifices, pour que tout le monde pût
   les lire.

justice. Non, ce n'eſt point par des décrets, c'eſt par les mœurs, qu'une république eſt bien gouvernée. Celui qui a contracté l'habitude du vice, ne craindra pas d'enfreindre les plus beaux réglements: celui au contraire qui a pris de fortes impreſſions de vertu, ſe conformera volontiers aux ordonnances utiles. Pénétrés de ces vérités, nos ancêtres cherchoient moins à punir les déſordres, qu'à prévenir tout ſujet de punition. Ils croyoient que c'étoit là leur office, & que le ſoin des châtiments devoit être abandonné à des ennemis.

Leur attention s'étendoit ſur tous les membres de l'état, mais principalement ſur la jeuneſſe. Ils voyoient que cet âge. dominé par une activité inquiete, & tyranniſé par une foule de paſſions violentes, a ſurtout beſoin qu'on tourne ſes penchants du côté de la vertu, & qu'on l'occupe de travaux qui lui plaiſent; que pour être ferme dans de bons principes, il faut avoir reçu une éducation honnête, & avoir été imbu de ſentiments généreux. Les facultés étant différentes, il n'étoit pas poſſible de preſcrire à tous les mêmes exercices: ils ſe régloient donc ſur les biens de cha-

cun. Ceux qui avoient une fortune mo-
dique, ils les tournoient du côté de l'agri-
culture & du commerce, convaincus, par
une multitude d'exemples, que la pareſſe
fait naître les beſoins, & que les beſoins
engendrent le crime: ainſi, en retranchant
le principe des vices, ils penſoient avoir
ſupprimé toutes les fautes qu'ils produi-
ſent. Les plus riches, ils les occupoient
des exercices du cheval, de la chaſſe & du
gymnaſe, & les appliquoient à l'étude des
ſciences & des lettres; aſſurés que par-là
ils deviendroient des hommes diſtingués,
ou que du moins ils éviteroient tous les
déſordres de leur âge.

Après les avoir ſurveillés dans l'ado-
leſcence, ils ne les perdoient pas de vue le
reſte du tems. Diviſant les campagnes en
bourgs & la ville en tribus, ils avoient l'œil
ſur la conduite de chaque particulier.
Ceux dont la vie n'étoit pas réguliere
étoient cités devant l'Aréopage, qui aver-
tiſſoit les uns, menaçoit les autres, ou les
puniſſoit ſelon qu'ils l'avoient mérité. Ils
ſavoient qu'il eſt deux moyens de porter
au crime, ou d'en détourner; que chez
les peuples où l'on ne ſonge ni à le prévenir, ni à le punir, où les tribunaux pe-

chent par trop d'indulgence, les meilleurs
naturels fe pervertiffent; mais que par-
tout où il eft auffi difficile aux coupables
de refter cachés, que d'obtenir grace quand
ils font découverts, le vice difparoît & les
mœurs s'épurent.

CCIII.

Il y a dans la harangue fur la paix un lieu
    commun fur la juftice, que l'on a cru de-
    voir citer fans en rien omettre.

Il eft des hommes qui ont eu le front
de dire que l'injuftice, quoique généralement abhorrée, étoit profitable dans la
plupart des circonftances; que l'équité, au
contraire, quoiqu'eftimée & refpectée, étoit
nuifible à nos intérêts, & moins avanta-
geufe pour nous-mêmes que pour ceux
avec qui nous avons à vivre. Ils fe trom-
pent, fans doute, & ils ne voient pas que
rien n'eft plus propre à nous obtenir de
vrais avantages, de vrais fuccès, la vraie
gloire, le vrai bonheur en un mot, que la
pratique de toutes les vertus. En effet, ce
font les qualités de l'ame qui nous affurent
la poffeffion des biens que nous pouvons
defirer; ainfi négliger de perfectionner
fon ame, c'eft négliger, fans le favoir, le
moyen

moyen le plus convenable pour se rendre
& plus éclairé & plus heureux que les autres. Pourroit-on, d'ailleurs, se figurer
que les personnes les plus fideles au respect
que nous devons aux dieux & à la justice
due aux hommes, prêtes à tout faire & à
tout souffrir pour ne s'en écarter jamais,
feront moins favorisées que les pervers, &
ne jouiront d'aucun privilege ni auprès des
dieux ni auprès des hommes? Quant à
moi, je suis persuadé qu'elles seules peuvent se procurer des avantages solides, &
que les succès des méchants sont toujours
funestes. Ces hommes injustes qui cherchent à envahir les possessions d'autrui, &
qui regardent cette usurpation comme un
grand bien, semblables à ces animaux vo-
races qui se laissent prendre à des appas
grossiers, saisissent avidement leur proie,
mais bientôt après tombent dans l'excès du
malheur : au lieu que les ames justes & re-
ligieuses jouissent pour le présent d'un état
sûr & tranquille, & peuvent se promettre
encore pour le reste de leur vie un bonheur solide & durable. S'il est des exemples contraires, du moins sont-ils fort rares. Or, puisqu'il ne nous est pas donné

F

de percér dans l'avenir, & d'y lire avec
certitude ce qui doit nous arriver d'heureux, il eft de la prudence de choifir ce
qui eft le plus communément utile.   Enfin, ne feroit-ce pas une contradiction vi-
fible de croire que l'équité eft une difpo-
fition de l'ame plus agréable aux dieux
que l'injuftice, & de penfer que les hommes juftes meneront une vie plus mifé-
rable que les méchants?

CCIV.

Un orateur qui fe prête au goût de
ceux qui l'écoutent, parvient d'autant plus
aifément à les induire en erreur, que le
plaifir qui naît de fes difcours eft comme
un voile qui leur dérobe la vérité.   Nous
n'avons rien de femblable à craindre de celui qui fe pique de franchife: comme il
ne cherche pas à nous féduire, ce n'eft
qu'en nous éclairant fur nos vrais intérêts,
qu'il nous fera changer de fentiment.

CCV.

On ne peut ni juger du paffé, ni déli-
berer fur l'avenir, fi l'on ne compare les
différents avis, & fi on ne les a écoutés
tous fans aucune efpece de prévention.

CCVI.

La modération coûte à la plupart des hommes : ils aiment tant à se repaître de vaines espérances, & sont si avides de tout gain, même injuste, que les plus riches, toujours mécontents de leur fortune, & désirant d'avoir ce qu'ils n'ont pas, s'exposent à perdre ce qu'ils ont.

CCVII.

La plupart des hommes sont plus ennemis de celui qui les reprend de leurs fautes, que de celui qui les leur fait commettre.

CCVIII.

On écoute un discours prononcé bien plus favorablement que celui qui n'est qu'écrit : on regarde l'un comme inspiré par le besoin & les affaires, l'autre comme dicté par l'intérêt ou par l'orgueil.

CCIX.

Quiconque a des sentiments élevés doit choisir les plus grands modeles, & s'efforcer de les suivre.

CCX.

Regardez comme sages, non ceux qui disputent avec subtilité sur des objets frivoles, mais ceux qui traitent avec éloquence des sujets importants; non ceux dont l'ame peu constante flotte au gré des vicissitudes humaines, mais ceux qui savent supporter également la bonne & la mauvaise fortune.

CCXI.

L'éloquence fait démasquer le vice & préconiser la vertu. Par elle l'ignorant s'instruit, & le savant se fait connoître. Nous trouvons dans l'art de parler le signe le moins équivoque du talent de penser. Un discours solide, juste & raisonnable, est l'image d'une ame droite & sincere. C'est par la parole que nous conduisons les hommes à la vérité qui se cache, & à la vérité que l'on conteste.

CCXII.

Celui qui reprend & celui qui accuse, emploient nécessairement à-peu-près le même langage; mais leur intention étant différente, on ne doit pas juger de même de tous les deux, quoiqu'ils disent les mêmes choses. Ceux qui font des reproches par malignité, on doit les haïr comme des hommes mal intentionnés; ceux qui reprennent par un bon motif, on doit leur

favoir gré, & les regarder comme des amis
fideles.

CCXIII.

On ne doit envier le fort ni de ces
hommes fuperbes qui s'érigent en tyrans
de leur patrie, ni de ces ambitieux qui s'ar-
rogent une puiffance énorme, mais plutôt
de ces efprits modérés qui, dignes des honneurs fuprêmes, fe contentent de ceux que
le peuple leur défere.

CCXIV.

La plupart des hommes, aveugles dans
leurs choix, defirent avec plus d'ardeur ce
qui leur eft nuifible que ce qui peut leur
être profitable, & travaillent pour leurs ennemis bien plus que pour eux-mêmes.

CCXV.

L'éloge des grands hommes qui gouver-
noient la république d'Athenes avant les
guerres contre les Perfes ne doit pas être
omis ici ; c'eft par où l'on finira cet extrait de la morale d'Ifocrate.

On doit regarder, affurément, comme les auteurs de nos plus brillantes pro-
fpérités, & comme dignes des plus grands
éloges, ces Athéniens généreux qui expo-

ſerent leur vie pour le ſalut de la nation: mais il ne ſeroit pas juſte d'oublier les hommes célebres qui, avant ces guerres, gouvernerent notre république. Ce ſont eux qui formerent le peuple d'Athenes, & qui, le rempliſſant de courage, préparerent aux Barbares de redoutables adverſaires.

Loin de négliger les affaires publiques, loin de ſe ſervir des deniers du tréſor comme de leurs biens propres, & d'en abandonner le ſoin comme de choſes étrangeres, ils les adminiſtroient avec la même attention que leur patrimoine, & les reſpectoient comme on doit reſpecter le bien d'autrui. Ils ne plaçoient pas le bonheur dans l'opulence: celui-là leur ſembloit poſſéder les plus ſolides & les plus brillantes richeſſes, qui faiſoit le plus d'actions honorables & laiſſoit le plus de gloire à ſes enfants. On ne les voyoit pas combattre d'audace entre eux, ni abuſer de leurs forces & les tourner contre leurs compatriotes; mais redoutant plus le blâme de leurs concitoyens, qu'une mort glorieuſe au milieu des ennemis, ils rougiſſoient des fautes communes plus qu'on ne rougit maintenant des fautes perſonnelles. Ce qui les fortiſioit dans ces heureuſes

diſpoſitions, c'étoient des loix pleines de
ſageſſe, qui avoient moins pour but de régler les diſcuſſions d'intérêt, que de maintenir la pureté des mœurs. Ils ſavoient
que pour des hommes vertueux il n'eſt pas
beſoin de multiplier les ordonnances;
qu'un petit nombre de réglements ſuffit
pour les faire agir de concert dans les affaires publiques ou particulieres. Unique-,
ment occupés du bien général, ils ſe divi-
ſoient & ſe partageoient pour ſe diſputer
mutuellement, non l'avantage d'écraſer
leurs rivaux afin de dominer ſeuls, mais
la gloire de les ſurpaſſer en ſervices rendus
à la patrie; ils ſe rapprochoient & ſe li-
guoient, non pour accroître leur crédit ou
leur fortune, mais pour augmenter la puiſſance de l'état. Le même eſprit animoit
leur conduite à l'égard des autres Grecs:
ils ne les outrageoient pas; ils vouloient
commander & non tyranniſer, ſe concilier
l'amour & la confiance des peuples, être
appellés chefs plutôt que maîtres, libéra-
teurs plutôt qu'oppreſſeurs, gagner les villes par des bienfaits plutôt que les réduire
par la violence. Leurs ſimples paroles
étoient plus ſûres que nos ferments; les

conventions écrites étoient pour eux des
arrets du deſtin. Moins jaloux de faire ſentir leur pouvoir que de montrer de la modération, ils étoient diſpoſés pour les plus
foibles comme ils deſiroient que les plus
puiſſants le fuſſent à leur égard. Enfin,
chaque république n'étoit aux yeux de chacun qu'une ville particuliere; la Greco
étoit une patrie commune.

CCXVI.

Ces hommes qui ſe montrent ſous des
dehors impoſants, qui, par l'étalage de
leur ſcience, ou par l'affectation de leurs
vertus, cherchent à ſe faire eſtimer plus
qu'ils ne valent, ne ſont ſouvent que des
impoſteurs dangereux. Les ſages, au contraire, qui ont établi & réglé le culte de la
divinité, euſſent-ils exagéré les peines ré-
ſervées au crime, & les récompenſes deſ-
tinées à la vertu, ſont les vrais bienfaiteurs
du genre humain: oui, c'eſt à ces mortels
reſpectables, qui les premiers nous ont in-
ſpiré la crainte des dieux, que nous devons
l'avantage de n'avoir pas vécu comme les
brutes.

FIN.

DE THÉOGNIS.

Plufieurs écrivains ont porté le nom de Théognis: le plus ancien & le plus célebre de tous eft celui dont nous publions les fentences morales. On ignore fon origine, le tems de fa naiffance, & celui de fa mort. Il nous apprend lui-même qu'il étoit de Mégare. Il y avoit plufieurs villes de ce nom; on croit que celle qu'il reconnoît pour fa patrie étoit fituée près de l'Attique. *) Il floriffoit dans la quarante-huitieme olympiade, environ cinq cents quarante-huit ans avant notre ère. Il fût contemporain de Solon, à qui fes maximes furent plufieurs fois attribuées, de Phérécide, maître de Pythagore; & de Pififtrate, ce tyran ami des lettres, qui mît en ordre les poëfies éparfes d'Homere. **)

F v

*) Platon dit que Théognis étoit de Mégare en Sicile; mais Théognis lui-même témoigne qu'il regrettoit fa patrie lorf-qu'il voyageoit dans la Sicile & dans l'Eubée.

**) Si l'on en croit Diogene de Laërce, ce

Quélques uns de fes vers font préfu-
mer qu'il étoit né dans l'aifance. Son hu-
meur confiante & facile détruifit fa fortune: une conduite plus prudente lui en fit
conferver quelques débris, & la philofophie le confola du mépris que la richeffe
fans mérite aime à répandre fur l'indigence vertueufe. Sa morale eft faine, mais
fans auftérité: il ne condamne pas les plaifirs innocents, il ne rougit pas même de
les célébrer; mais il établit qu'on ne peut
en goûter les charmes que dans le repos
d'une confcience pure & dans le fein de la
vertu. Le caractere particulier de fa morale eft la fenfibilité; on écoute fans peine
fes leçons, parcequ'il commence par fe
faire aimer. Les anciens citoient fes maximes comme des oracles de la fageffe.

De fon tems les fages avoient coutume d'embellir leurs préceptes des charmes
de la poëfie: ils fentoient que le rhythme
des vers contribuoit à graver leurs leçons
dans la mémoire de leurs difciples. Théognis fuivit leur exemple, moins fans doute
pour fe conformer à l'ufage que pour obéir

ne fut pas Pififtrate, mais Solon, qui ras-
fembla les couplets difperfés du pere de
la poëfie épique.

à l'impulſion du génie qui le commandoit.
Il n'a point renfermé ſes penſées dans des
vers techniques forgés avec peine, & qu'on
retient avec plus de peine encore. Son invocation eſt dans le ſtyle des hymnes d'Homere, & les figures hardies qui animent
pluſieurs de ſes maximes, prouvent qu'il
étoit né poëte.

Quoique ſon ouvrage commence par
une invocation, il ne faut pas s'attendre à
lire un poëme didactique fondé ſur un
plan régulier. Les penſées ſont jettées au
haſard: il eſt vraiſemblable que ce n'eſt
pas lui-même qui les a raſſemblées; on en
aura fait le recueil après ſa mort, en ſuivant
l'ordre dans lequel on ſe les rappelloit.

On trouve les mêmes penſées pluſieurs
fois répétées: c'eſt peut-être qu'on nous a
conſervé la premiere maniere dont il les
avoit exprimées, celle dont il les avoit cor-
rigées dans la ſuite, & celle encore dont
elles s'étoient altérées dans la mémoire de
quelques uns de ſes diſciples. Des idées
paroiſſent obſcures, parcequ'on a perdu
les vers qui les complétoient: des maximes ſemblent condamnables, parcequ'elles
étoient des objections dont on n'a pas conſervé les réponſes.

On peut comparer ce qui nous reste de Théognis à une statue antique exposée pendant un long période de siecles à tous les outrages du tems. Ils en ont usé des parties, ils en ont détruit d'autres; mais on admire encore celles qu'ils ont respeétées. Content de recueillir les fragments qui m'ont paru le mieux conservés, je n'ai pas entrepris de restaurer la statue.

Une grande partie du reste de ce volume ne doit plaire qu'à un petit nombre de lecteurs. Ici, c'est Phocylide qui prescrit de ne pas voler, de ne pas receler; là, c'est Pythagore qui ordonne d'aimer son pere & sa mere: ce sont enfin les préceptes de la morale la plus usuelle présentés dans toute leur simplicité. Quels charmes auront de pareilles sentences pour des lecteurs accoutumés aux pensées fines & brillantes de la Rochefoucault, de la Bruyere! Mais il faut se transporter dans les tems anciens de la Grece, vers le berceau de la morale & de la législation. Alors on respectera les sages qui, s'oubliant eux-mêmes & négligeant de plaire, ne pensoient qu'à instruire des hommes encore simples de leurs premiers devoirs.

✦✦✦✦✦✦✦✦✦✦✦✦✦✦✦✦✦✦✦✦✦✦

SENTENCES
de Théognis.

INVOCATION.

O Roi, fils de Latone, fils de Jupiter, je ne t'oublierai jamais en commençant mes ouvrages, jamais en les terminant: sois l'objet des premiers & des derniers de mes chants; daigne m'écouter & m'être favorable. Apollon, roi puissant & le plus beau des dieux, quand la vénérable Latone te mit au jour dans un lac, elle n'eut d'autre secours qu'un rameau qu'elle tenoit embrassé de ses mains délicates: l'isle de Délos fut remplie d'une odeur divine, la vaste terre sourit, & la profonde mer témoigna sa joie jusques dans les derniers de ses flots.

Diane, divine chasseresse, fille de Jupiter, toi qu'Agamemnon sut appaiser en Aulide, reçois mes vœux, éloigne de moi les destins ennemis: ce que je te demande

est tout pour moi, & n'est rien pour ta
puissance.

Je vous invoque, Muses & Graces, filles de Jupiter, qui fîtes retentir aux noces
de Cadmus des accords dignes de vous &
répétés par les immortels. Je donne des
leçons aux humains; que mes chants soient
le titre inaltérable de ma gloire. En vain
on déroberoit mon ouvrage, je ne resterai
pas inconnu; on ne pourra jamais altérer
ce qu'il renferme d'utile, & l'on dira toujours: Ce sont les vers de Théognis célè-
bre entre tous les mortels.

I.

Je ne saurois plaire encore à tous ceux
dont je recherche les suffrages. Dois-je
en être surpris? Le maître des dieux lui-
même ne peut contenter tous les humains,
soit qu'il féconde la terre en lui prodi-
guant le trésor des eaux vivifiantes, soit
qu'il les retienne suspendues dans les airs.

II.

Écoute mes leçons, jeune Cyrnus. Je
te donnerai les préceptes que j'ai moi-même reçus des sages dans mes jeunes années.
Cultive la sagesse: garde-toi de chercher
dans le vice & dans l'iniquité, la gloire,

les richesses, la puissance. Se tenir toujours éloigné de la société des méchants,
rechercher constamment le commerce des
gens de bien, c'est avoir beaucoup profi-
té. Mérite de t'asseoir à la table des sages; mérite qu'ils te fassent une place auprès d'eux, & rends-toi digne de plaire
aux mortels qui réunissent les vertus à la
puissance. Avec les bons, tu apprendras
à chérir la vertu : auprès des méchants, tu
sentiras dans ton cœur s'affoiblir la haine
du vice, & tu perdras bientôt jusqu'à la
raison qui t'éclaire.

III.

Jamais les citoyens vertueux n'ont perdu leur patrie. Mais si les méchants peuvent lever impunément leurs têtes auda-
cieuses; s'ils plaisent à la nation, la sédui-
sent, la corrompent; si, pour assurer leur
fortune & leur puissance, ils prêtent à l'injustice un coupable appui : en vain l'état
n'offre à tes regards que l'heureux spectacle de la splendeur & de la paix; crois-
moi, le trouble y va naître, & l'instant de
sa chûte n'est pas éloigné. Bientôt tu verras des citoyens atroces chercher le bonheur dans la ruine de leurs concitoyens;

bientôt éclatera la révolte; par-tout va s'ai-
guiſer le fer de la haine, par-tout va ruiſſeler
le ſang, & le monarque tentera vainement
lui-même d'interpoſer un pouvoir qui ne
ſera plus.

IV.

Puis-je voir ſans gémir les hommes ne
faire uſage de leur eſprit que pour ſe railler
les uns les autres, & de leur intelligence
que pour ſe dreſſer mutuéllement des em-
bûches, ſe tromper, ſe trahir? Puis-je ſans
verſer des larmes voir les principes du bien
& du mal négligés, confondus, ou plutôt
ignorés?

V.

Que ton intérêt, mon fils, ne te rende
jamais l'ami des citoyens pervers: mais
diſſimule une juſte haine, & que ta langue
imprudente ne provoque pas leurs fureurs.
Contraint de ménager ceux que tu mépri-
ſes dans ton cœur, ne leur communique
aucun ſecret important: tu n'apprendras
que trop à connoître leur ame atroce; tu
ne ſauras que trop un jour combien ils ſont
indignes de toute confiance. Ils n'aiment
que la fineſſe, l'aſtuce, la fourberie; heu-

reux

reux s'ils pouvoient d'un feul forfait con-
fommer le malheur de l'humanité. Crains
leurs confeils empoifonnés ; mais ne néglige pas d'écouter les avis des gens de
bien ; cours les chercher à travers les dan-
gers & les fatigues, jufqu'aux extrémités
de la terre.

VI.

Il ne faut pas même communiquer in-
différemment fon fecret à tous fes amis :
il en eft peu qui foient dignes de garder ce
précieux dépôt. Si j'entreprends de grandes chofes, je ne me confierai qu'au petit
nombre. L'imprudence d'un moment
pourroit me caufer un long repentir.

VII.

Il eft des circonftances fâcheufes & cri-
tiques, où l'ami vertueux & fidele eft le
plus précieux des tréfors. Vous en trouverez peu de ces amis à toute épreuve qui
ofent vous connoître encore dans l'adverfi-
té ; qui, n'ayant qu'une ame avec vous,
partagent avec un courage égal & vos fuccès & vos revers.

G

VIII.

Les peines de l'homme vertueux font les jouiſſances du méchant: mais le lion lui-même ne trouve pas toujours de proie, & la dévorante perplexité ſe place ſouvent dans le cœur de l'homme injuſte & puiſſant.

IX.

Tu veux que je ſois ton ami; aime-moi de cœur & non de bouche. Si tes ſentiments ſont peu ſinceres, ſi tu as pour moi l'amitié ſur les levres & l'indifférence dans le cœur, je préfere ta haine. Oſe me pourſuivre ouvertement, je tâcherai du moins de repouſſer tes attaques: un cœur double eſt plus dangereux pour ami que pour ennemi.

X.

Cet homme parle d'une maniere & penſe d'une autre; il ne ceſſe de te louer en ta préſence, & dans ton abſence il marque peu d'eſtime pour toi: ce peut être un agréable convive, mais c'eſt un très méchant ami. Quels avantages te promets-tu de ſa fauſſe tendreſſe? Ce n'eſt pas lui qui te conſolera dans la douleur, qui t'aidera dans l'adverſité: il réuniroit tous les

biens de la fortune, fans penfer à t'en faire part.

XI.

Tu fais du bien au méchant; n'en
efpere aucun retour: c'eft femer fur les vagues de l'Océan tourmenté. On ne voit
jamais ni les jaunes moiffons s'élever fur
les vagues de la mer, ni la reconnoiffance
naître dans le cœur du méchant.

XII.

Il eft des gens qui exigent toujours, &
qu'on ne peut jamais contenter. Qu'on
manque une feule fois à répondre à leurs
defirs, on perd tout le fruit de fes bienfaits
paffés, & l'amitié chancelante qu'on leur
avoit infpirée eft pour toujours éteinte dans
leur cœur.

XIII.

Mais l'homme honnête & fenfible profite avec reconnoiffance des bienfaits qu'on
lui accorde, & jouit encore long-tems après
du plaifir de les avoir reçus.

XIV.

On ne manque jamais d'amis à table;
on en trouve peu dans les moments difficiles de la vie.

XV.

Rien de plus difficile à connoître que l'homme faux. Avec un peu d'habileté, on découvre aisément le mélange de l'or; mais on ne diflingue pas de même l'ami perfide qui porte la bienveillance fur le front & la fourberie dans le cœur.

XVI.

Ne fonde pas ta gloire fur les richeffes & la puiffance: ces avantages ne t'appartiendroient pas, & feroient toujours du reffort de la fortune.

XVII.

Aveugles que nous fommes! nous n'avons que des opinions vaines, & l'ignorance eft notre partage. M'eft-il donné de prévoir ce qui réfultera de mes defleins ? Je crains de mal faire, & je fais bien; je veux bien faire, & je fais mal. L'événement trompe tous mes projets, toutes mes vues: je me trouve arrêté fans ceffe par les loix de l'invincible néceffité. Il n'eft que les dieux dont les œuvres foient toujours d'accord avec leur intelligence.

XVIII.

Tu trompes l'ami que tu as féduit par les dehors de l'hofpitalité; tu repouffes le malheureux qui t'implore: les dieux le savent.

XIX.

Préfere la pauvreté dans le sein de la justice à l'abondance que procure l'iniquité.

XX.

Toutes les vertus sont comprises dans la justice: si tu es juste, tu es homme de bien.

XXI.

La fortune peut prodiguer ses faveurs au plus méchant des hommes: il est peu de mortels à qui les dieux aient accordé la vertu.

XXII.

Garde-toi, dans ta colere, de reprocher à l'indigent la pauvreté qui flétrit l'ame. Les dieux font pencher comme il leur plaît la balance: souvent ils laissent nu celui qu'ils avoient comblé de biens.

XXIII.

L'orgueilleux se vante, s'éleve. & veut en imposer. Sait-il comment le jour fini-

ra pour lui? Sait-il dans quel état la nuit
va le trouver?

XXIV.

L'homme eſt abattu par la vieilleſſe, il
l'eſt par la fievre, mais bien plus encore
par la pauvreté. Celui qu'elle accable ne
peut plus parler, ne peut plus agir; ſes
mains & ſa langue même ſont enchainées.

XXV.

Qui ſait mettre des bornes à ſa fortune? Celui qui poſſede le plus de richeſſes
veut au moins les doubler. Qui jamais
pourra ſatisfaire tant de gens qui tous ont
le même deſir? C'eſt l'amour des richeſſes
qui cauſe la folie des hommes & leur per-
verſité.

XXVI.

On n'acheteroit pas de beſtiaux ſans
les bien examiner, ni un cheval ſans ſavoir
qu'il deſcend d'une race généreuſe; &
l'on voit un honnête citoyen recevoir pour
épouſe une méchante femme, née d'un indigne pere. N'en ſoyez pas ſurpris; elle
lui apporte beaucoup d'or. Voyez-vous
une femme refuſer un homme mépriſable
s'il a de grands biens? Non; elle aime

bien mieux entendre dire qu'elle eſt l'é-
pouſe d'un homme opulent que d'un homme vertueux. On n'eſtime que les richeſſes. Le ſage prend une femme dans une
famille corrompue; le méchant, dans une
famille vertueuſe: la fortune confond toutes les races, & cet odieux mélange abâ-
tardit l'eſpece humaine.

XXVII.

Voyez cet homme injuſte & ambitieux: il n'eſt animé que de l'amour du
gain. Toujours il eſt prêt à ſe parjurer,
toujours à fouler aux pieds la juſtice.
Vous êtes éblqui de l'éclat qui l'environne,
ſa fortune vous en impoſe; attendez ſa
fin. Le ciel eſt juſte, quoique ſa juſtice ſe
cache quelquefois à l'œil peu clair-voyant
des mortels. Gardez-vous de croire que
l'homme qu'on envie ſoit toujours heureux: il paiera la dette de ſon crime; elle
ſera pourſuivie du moins ſur le plus cher
de ſes fils. Inſenſé! tu oſes murmurer
contre les dieux trop lents à punir le coupable! Ne vois-tu pas la mort aſſiſe ſur
ſes levres, & prête à le frapper?

XXVIII.

Un exilé n'a plus d'amis, & ce malheur est bien plus cruel que l'exil.

XXIX.

Vous élevez avec soin vos enfants, vous faites votre étude de tout ce qui peut leur être utile, vous détruisez pour eux votre fortune, pour eux vous vous soumettez à mille douleurs. Quelle sera votre récompense? de la haine, des imprécations. Ils détesteront leur pere; ils demanderont aux dieux sa mort; il deviendra pour eux le plus importun des parasites.

XXX.

Où trouver l'homme ferme & courageux qui ose lutter contre le flot auquel tous les autres se laissent emporter, qui ait également la pudeur dans le cœur & sur les levres, & que l'appât du gain ne puisse jamais engager dans la honte?

XXXI.

Ta fortune vient d'être renversée: va, tu n'as plus d'amis; ton frere même ne te connoîtra plus.

XXXII.

Le silence est, pour le grand parleur, un supplice cruel; & le babillard igno-

rant eſt, pour ceux qui l'écoutent, un pe-
ſant ſardeau: on le hait ſans pouvoir l'éviter, & c'eſt une amertume qui empoiſon-
ne les délices de tous les feſtins.

XXXIII.

Inſenſés avec les fous, juſtes & ſages
avec les amis de la ſageſſe & de l'équité,
nous prenons le caractere de ceux qui
nous environnent.

XXXIV.

Dans la ſociété, ſois prudent. Que le
ſecret qui t'eſt confié reſte enſeveli dans
ton cœur; oublie même que tu l'as en-
tendu.

XXXV.

Pauvre, mais vertueux, je vois des méchants qui nagent dans la proſpérité: qu'ils
gardent leur partage, je ne veux pas changer avec eux. Je ſuis maître de conſerver
ma vertu: ils ne le ſont pas de fixer la
fortune.

XXXVI.

L'ame du ſage eſt toujours conſtante:
elle lutte avec un courage égal contre le
malheur & contre la proſpérité.

G v

XXXVII.

Crains de t'expofer, pour une faute légére, à perdre ton ami; garde-toi d'écouter le calomniateur qui l'accufe. Les dieux feuls font exempts de faire des fautes; fans l'indulgence, l'amitié ne peut plus exifter.

XXXVIII.

Tu embraffes un exilé, tu fondes ton efpoir fur fa reconnoiffance: quand il lui fera permis de retourner dans fa patrie, tu ne retrouveras plus en lui le même homme.

XXXIX.

Ne vous hâtez jamais trop; marchez d'un pas tranquille dans la voie moyenne: c'eft elle qui conduit à la vertu.

XL.

Quoi! dit l'infortuné, il eft donc arrêté par les deftins impitoyables que je ne ferai jamais vengé des fcélérats dont la violence m'a tout ravi. Dépouillé par eux & réduit à la honteufe nudité, je ferai donc encore obligé, pour me fouftraire à leurs coups, de traverfer les fleuves profonds & les torrents impétueux! Le ciel me re-

fuſera le ſpectacle de leurs larmes! Jamais
je ne m'abreuverai de leur ſang impur!....
Malheureux! tu blaſphêmes. Tu as joui
du bien, ſupporte le mal avec courage. Le
ciel t'a fait connoître l'une & l'autre fortune; apprends à te ſoumettre. De la proſpérité, tu es tombé dans le malheur: ne
te défie pas des dieux; du malheur, peut-
être, ils vont t'élever à la proſpérité. Mais
épargne-toi ſur-tout des plaintes vaines:
tu trouverois tous les cœurs inſenſibles à
ton infortune.

XLI.

Crains l'ennemi qui cherche à te raſſu-
rer par de douces paroles: ſi tu te remets
dans ſes mains, il ne conſultera plus que
la vengeance, & rien ne pourra le déſarmer.

XLII.

Quel eſprit anime donc mes concitoyens? Je leur ſerois odieux en faiſant le
mal; en faiſant le bien, je ne puis leur
plaire.

XLIII.

Tu étois mon ami, & tu as fait des
fautes: ce n'eſt pas moi qu'il en faut accuſer; tu avois trouvé un bon ami, mais tu
avois reçu une mauvaiſe tête.

XLIV.

Tu ne laisseras pas à tes enfants d'héritage plus précieux que cette pudeur qui accompagne toujours la vertu.

XLV.

Il seroit à souhaiter pour bien des hommes qu'ils ne fussent jamais nés, que leurs yeux n'eussent jamais vu la clarté du soleil. Que leurs jours n'ont-ils été tranchés du moins dès leurs premieres années! que n'ont-ils été livrés en naissant au repos de la mort!

XLVI.

Si de bons préceptes pouvoient donner un bon esprit, nous verrions les enfants se former sur les principes de leurs peres, & le sage n'auroit pas à rougir de ses indignes fils: mais c'est perdre ses leçons que de vouloir changer le cœur des méchants.

XLVII.

Quel est donc l'insensé qui veut prendre mon esprit sous sa garde, & qui ne songe pas même à observer le sien?

XLVIII.

Il est aisé de mener une vie commune sans faire beaucoup de bien, sans avoir à

se reprocher beaucoup de mal. Mais c'eſt
en combattant contre les obſtacles qu'on
parvient à la gloire. Ne crois pas cependant l'obtenir ſans meſurer tes forces, &
crains d'entreprendre avec un fol enthou-
ſiaſme ce que tu es incapable d'exécuter.

XLIX.

Etudie les inclinations & les deſirs de
ceux que tu pratiques; apprends à t'y conformer. Ton ami veut te quitter, ne le
force pas à reſter auprès de toi; il voudroit reſter, ne l'engage pas à ſortir; il
dort, ne trouble pas ſon ſommeil; ne l'engage pas à dormir, quand il a deſſein de
veiller. Rien n'eſt plus inſupportable que
la contrainte.

L.

Cher & malheureux ami, après avoir
franchi la vaſte étendue des mers, tu viens,
dépouillé de tout, dans les bras d'un ami
qui n'a rien. Je te prodiguerai du moins,
dans mon infortune, ce que les dieux
m'ont laiſſé de meilleur. Tu m'aimes, &
je ne te dirois pas: Viens t'aſſeoir avec
moi, & je te cacherois le peu que je poſſede! Je n'irai point ailleurs chercher de
quoi te recevoir, mais ce que j'ai eſt à toi.

Si l'on te demande comment je vis: réponds que je me foutiens avec peine, mais
qu'enfin je me foutiens; que je fuis trop
pauvre pour fecourir un grand nombre de
malheureux, mais que je ne repouffe pas
l'ami qui fe réfugie dans mon fein.

LI.

Heureux qui peut dire: O ma jeunes-
fe déformais écoulée, ô fâcheufe vieilleffe
qui t'approches, jamais vous ne m'avèz
vu, vous ne me verrez jamais trahir un
ami fidele; jamais vous ne trouverez rien
de vil dans mon cœur! Il eft fatisfait ce
cœur, & je puis me livrer fans trouble &
fans remords à la joie des feftins, quand
mes oreilles font frappées du doux fon de
la flûte, & quand mes doigts pincent les
cordes harmonieufes de la lyre.

LII.

Vois cette tête penchée, ce col tors,
ces regards obliques, & reconnois l'ame
ignoble & fauffe d'un efclave.

LIII.

Je m'enorgueillis follement de ma jeuneffe. Infenfé! bientôt privé de la lumiere du foleil, femblable à la pierre infenfi-

ble, je ferai couvert de terre pour toujours,
& le bien même que j'aurai fait sera bientôt oublié.

LIV.

On se fait une fausse idée du bonheur
qu'on n'a point éprouvé. Rien de pire
que le préjugé, rien de préférable à l'expérience.

LV.

Bon jour; que viens-tu me dire? Si
c'est quelque chose de bien, pourquoi hé-
sites-tu? il est facile de l'annoncer.

LVI.

D'un homme de bien, il est aisé de
faire un méchant: mais qui pourra, d'un
méchant, faire un homme vertueux?

LVII.

Je hais la femme que je rencontre par-
tout; je hais l'homme insensé qui néglige
son champ & veut labourer celui de son
voisin.

LVIII.

Point de projets sans danger. Qui sait,
en commençant, quelle sera la fin de son
ouvrage? Tel croit voler à une gloire cer-

taine, qui ne fait que préparer fa perte.
Dieu feul peut nous détourner de l'erreur,
& couronner nos bons deſſeins par un
heureux ſuccès.

LIX.

Homme, ne murmure pas de ce que
t'envoient les dieux: ſupporte d'une ame
égale l'une & l'autre fortune.   Dans le
bonheur, ne t'abandonne pas aux excès de
la joie; ne te livre pas aux excès de la douleur dans l'adverſité: attends quelle ſera la
fin de ton ſort.

LX.

Le paſſé ne peut ſe rappeller: mais
gardons-nous de l'avenir: il doit occuper
ſeul toute notre attention.

LXI.

On veut toujours avoir plus qu'on ne
poſſéde: mais la diſette a perdu bien moins
de gens que la ſatiété.

LXII.

Il n'eſt difficile ni de louer ni de blâ-
mer: c'eſt un art familier aux méchants.
L'intérêt leur inſpire l'éloge; la médiſan-
ce eſt leur plaiſir.   L'homme de bien fait
lui

lui feul garder en tout des mefures: ou
plutôt le foleil n'éclaira jamais un mortel
toujours ami de la modération, toujours
circonfpeét & mefuré.

LXIII.

Nous ne verrons jamais tous les événements fuccéder au gré de nos defirs.
N'envions pas un bien qui n'eft réfervé
qu'aux dieux.

LXIV.

Il n'eft donc aucun mortel qui ne re-
fpeéte le riche, qui ne méprife le pauvre!
Et je ne ferai pas navré de douleur, moi
qui ne puis me fouftraire à l'avilifante
pauvreté!

LXV.

Obfervez bien les hommes: vous frou-
verez en eux tous les vices, tous les talents
& toutés les vertus.

LXVI.

Il eft difficile au fage d'avoir une lon-
gue converfation avec l'infenfé; mais il
ne lui eft pas poffible de fe taire toujours.

LXVII.

Il eft honteux qu'un homme fobre
s'arrête avec des gens pris de vin! le fage

H

n'eft pas moins déplacé dans la compagnie
du vulgaire.

LXVIII.

La jeuneffe donne à l'ame de l'éner-
gie; mais fouvent elle ne l'éleve que pour ·
la plonger plus profondément dans l'erreur. Eh! comment ne pas y tomber
quand l'efprit a moins de force que les
paffions, & fe laiffe conduire par elles?

LXIX.

Nous voyons chaque jour les événements tromper notre prudence, & nous
nous obftinons à créer fans ceffe de nouveaux projets!

LXX.

La crainte & l'efpérance font deux divinités également puiffantes, & qui nous
commandent avec le même empire.

LXXI.

Quelque projet qui fe préfente à ton
efprit, confulte-toi deux & trois fois.
Quand on agit avec précipitation, on ne
peut éviter le reproche.

LXXII.

Tu étois dans la joie; une foule d'a-
mis s'offroient à la partager: ton efprit

fouffre, plongé dans la cruelle anxiété; tu trouveras peu d'amis qui veuillent partager tes la mes.

LXXIII.

Affreufe pauvreté! tu t'appefantis fur mes épaules, tu déformes mon corps, tu corromps mon efprit. Malgré ma vive réfiftance, tu me contrains avec un empire tyrannique d'apprendre bien des chofes honteufes, moi qui n'étudiai jamais que le jufte & l'honnête. Je ne connois, je ne chéris plus à préfent d'autre vertu que la profpérité: voilà donc, ô ciel! où conduit l'infortune!

LXXIV.

Tu t'affliges, malheureux Cyrnus, & tu nous vois tous pleurer avec toi. Mais ne t'y trompe pas, la douleur d'un ami ne nous afflige qu'un jour.

LXXV.

Le fage ne doit jamais perdre le calme de l'ame. Ne te laiffe point abbattre par l'infortune, ne triomphe pas imprudemment dans la profpérité. Sur-tout garde-toi de jurer que tes deffeins auront l'iffue

que tu prévois. Il femble que les dieux fe
plaifent à punir le téméraire qui veut prévoir la fin des événements.   Du mal naît
le bien; le bien engendre le mal: cet
homme n'avoit rien, il s'enrichit tout-à-
coup: cet autre nageoit dans l'abondance,
il fe réveille dans la mifere: le fage fait
des fautes, la gloire fe piaît à couronner
l'infenfé, & fouyent les honneurs viennent
fe raffembler fur la tête du méchant.

LXXVI.

Si j'étois riche, mon cher Simonide,
nos importants, avec tout leur orgueil, ne
fauroient m'intimider: mais en vain j'ai
cultivé mon efprit; l'ignorant m'en impo-
fe, & la mifere me rend muet.

LXXVII.

Ceux qui ont des richeffes manquent
de lumieres pour en faire ufage; ceux qui
voient & defirent le bien font opprimés
par la pauvreté: les uns & les autres éprou-
vent une égale impuiffance; ceux-ci font
arrêtés par la mifere, ceux-là par leur im-
bécillité. Soumettons-nous. Il n'eft pas
permis aux mortels de combattre contre
les dieux, & de leur demander raifon de
leurs décrets.

LXXVIII.

Sois riche, c'est la seule vertu: la tourbe des humains ne sait point en connoître d'autres.

LXXIX.

Tu pourrois être aussi juste que Rhadamante lui-même, aussi habile que Sifyphe, fils d'Éole; que ce Sifyphe qui, par son adresse, parvint à sortir des enfers: (il eut l'art de persuader Proserpine en la flattant, & d'appaiser cette déesse qui prive les hommes du sentiment & leur fait perdre la mémoire. Avant lui, jamais aucun mortel, vivant encore, n'avoit considéré les tristes humains enveloppés du sombre nuage de la mort, n'étoit descendu dans la froide demeure des ombres, & n'avoit franchi les portes noires qui les tiennent enfermées malgré leurs efforts impuissants: mais Sifyphe, par son habileté, revint de ces lieux redoutables, & revit la lumiere du soleil); ne sois pas moins éloquent que Nestor, semblable aux dieux, qui auroit su donner à la fable les couleurs de la vérité; surpasse en vîtesse le vol rapide des harpies, & la course légere des fils de Borée:

H iij

tu feras encore obligé de convenir que
tous ces avantages font bien foibles, &
que les richeffes ont bien plus de pouvoir.

LXXX.

Perfonne n'emporte aux enfers fes richeffes fuperflues. On ne peut, en donnant
une rançon, fe racheter de la mort, de la
maladie, de la trifte vieilleffe qui nous
pourfuit,

LXXXI.

O Jupiter! que l'injure & l'opprobre
ne pourfuivent-ils le fcélérat, ne font-ils fa
jufte récompenfe! Que l'impie qui méprife les dieux, que l'homme cruel qui porte
la méchanceté dans fon cœur & ne fait faire que le mal, reçoive la peine due à fes
crimes, & que la malice du pere ne foit
pas imputée à fes enfants. Maître des
dieux, que les fils de l'homme injufte, s'ils
aiment l'équité, s'ils craignent ta colere,
s'ils fe plaifent à faire régner la concorde
entre leurs citoyens, ne foient pas pour-
fuivis pour les fautes de leurs peres! Mais,
hélas! celui qui commet le crime en évite
la peine; un autre en éprouve la vengeance. O roi des immortels! l'homme droit
que jamais ne fouilla l'impiété ni le parju-

re, éprouve un fort qu'il n'a pas mérité;
& nous adorons encore ta juftice! Qui
pourra révérer les dieux, quand le fcélérat, couvert d'iniquités, brave la colere des
humains & celle des immortels; quand,
du fein des richeffes, il infulte à l'homme
de bien; quand le jufte eft courbé fous le
poids de la mifere? *) O mes amis, enri-
chiffez-vous s'il eft poffible, mais fans commettre d'injuftices: foyez habiles, mais
fans devenir coupables.

LXXXII.

Jupiter! étends du haut des cieux la
main fur ma patrie, & daigne la défendre;
que les autres dieux la protegent, mais
qu'Apollon dirige ma voix, éclaire mes
penfées. Flûte mélodieufe, douces cordes de la lyre, accompagnez nos chants
facrés. Allons faire des libations en l'hon-

H iv

*) Ce morceau doit être regardé comme
un fouhait exprimé d'une maniere poë-
tique, comme une vive imprécation contre le criminel triomphant fur la terre,
& non comme un blafphême. Théognis,
dans plufieurs de fes maximes, a célébré
la juftice des dieux, a recommandé la réfignation à leurs décrets.

neur des dieux, & profitons des bienfaits
de Bacchus. Vive gaieté, anime feule nos
difcours; & ne craignons ni les Medes, ni
leurs armes. Eſt-il rien de plus ſage que
d'entretenir ſon ame dans les douceurs
d'une joie innocente, d'en bannir les ſou-
cis rongeurs, de méprifer les caprices du
deſtin, les maux de la vieilleffe, & les hor-
reurs de la mort?

LXXXIII.

Eleve & meffager des mufes, toi qui
puifas dans leur ſein les leçons de la fageſſe, ne les envie point au vulgaire. Qu'importe que tu ſois inftruit, ſi tu ne l'es que
pour toi ſeul?

LXXXIV.

J'ai voyagé dans la Sicile; j'ai parcou-
ru l'Eubée, riche des préfents de Bacchus;
j'ai vu la fuperbe Sparte, baignée par l'Eu-
rotas; par-tout je n'ai trouvé que des hô-
tes careffants: mais la joie ne pouvoit entrer dans mon cœur; je n'avois plus de
fentiment que pour ma patrie.

LXXXV.

Amis, ne me parlez plus que de l'aimable fageffe; qu'elle feule occupe tout

mon cœur. Alors je ferai fenfible aux
doux fons de la lyre; alors la danfe légere,
re, les vers harmonieux porteront le plaifir
fir dans mon fein; alors, content de moi-
même, je goûterai l'entretien des hommes
honnêtes, & je connoîtrai le bonheur fans
offenfer l'étranger ni mon concitoyen.

LXXXVI.

Il vient de m'arriver un malheur: je
rencontre mes amis, ils détournent la tête,
te, ils évitent de me voir. La fortune change,
ge, fuivant fa coutume; il m'arrive un
événement heureux: c'eft à qui s'empresfera
fera de me faluer; je ne trouve par-tout
que des amis.

LXXXVII.

Suis-je dans le befoin? mes amis rougiffent
giffent de ma préfence, ils auroient honte
de me confoler publiquement. Il faut,
pour les aller trouver, que je forte le foir;
& je rentre avant le jour, lorfque le chant
du coq rappelle les hommes au travail.
Puiffe tomber fur moi le ciel, ce ciel d'airain,
rain, dont nos aïeux, dans leur fimplicité,
redoutoient la ruine, fi je refufe jamais des
fecours à ceux qui m'aiment!

LXXXVIII.

J'ai perdu ma fortune par la confiance; c'eft par la défiance que j'en ai fauvé les débris: mais il eft bien difficile de n'être pas trop défiant, ou confiant à l'excès.

LXXXIX.

Liqueur douce & funefte, préfent de Bacchus, je te loue & te condamne. Je ne puis ni t'eftimer ni te haïr; tu fais le bien, tu fais le mal. Qui pourra te méprifer? & quel fage ofera te célébrer? O mes amis! goûtez modérément de ce vin que produifent les vignes de Taygete, ces vignes que planta fur le penchant de la colline le vieux Théotime, chéri des dieux; le trifte fouci fuira de vos cœurs, vous y fentirez pénétrer la douce gaieté.

XC.

Tu es jufte; que ta vertu faffe ta récompenfe & ta félicité. Les uns diront du bien de toi, les autres en parleront mal. Le fage doit s'attendre à l'éloge, il doit s'attendre à la fatire; & le plus heureux des mortels eft celui dont on s'occupe le moins.

XCI.

Puiſſe l'abondance & la paix régner dans ma patrie! Puiſſé-je ſans crainte me livrer avec mes amis aux plaiſirs innocents de la table! Puiſſent mes yeux ne voir jamais l'horreur des combats! Sí la guerre n'intéreſſe pas ta patrie, n'écoute pas la voix tonnante du héraut qui t'appelle aux armes: mais ſi l'état eſt attaqué, ſi l'ennémi s'approche, ſi tu entends déja les henniſſements des chevaux aux pieds légers, apprends que tu ne peux ſans opprobre refuſer ton ſang à tes concitoyens.

XCII.

Tout mortel a fait du bien, tout mortel a fait du mal; nul ne peut ſe vanter d'être parfaitement ſage.

XCIII.

Qu'un homme évite la dépenſe, qu'il ne ſoit occupé que du ſoin d'amaſſer, on vante ſa prudence. S'il nous étoit donné de prévoir le terme de nos jours, ſi nous ſavions combien de tems il nous reſte encore avant de deſcendre dans la demeure de Pluton, il ſeroit raiſonnable que celui qui auroit le plus de tems à vivre, fît de plus grandes épargnes pour ce qui lui re-

fteroit de jours.　Mais, hélas! & c'eft ce
qui m'afflige, nous fommes loin de cette
connoiffance. Je me tourmente, & ne fais
comment fortir de ma perplexité.　Placé
dans un carrefour, plufieurs chemins s'offrent devant moi; lequel dois-je choifir?
Tourmenterai-je ma vie, conftant à me
tout refufer? Vivrai-je dans les délices,
heureux du plaifir de ne rien faire? J'ai
connu un homme riche; il s'épargnoit
jufqu'à la nourriture. Pendant qu'il amas-
foit pour vivre, la mort eft venu le fur-
prendre.　Il s'étoit épuifé de travail; jamais il n'avoit fait de bien à perfonne:
des inconnus ont envahi fes tréfors.　J'en
ai vu un autre qui fe livroit aux plaifirs de
la table.　Je mene, difoit-il, une vie délicieufe.　Pendant qu'il parloit, fes riches-
fes le trouverent diffipées.　Il implore aujourd'hui l'affiftance de fes amis, & ne trouve que des cœurs impitoyables.

XCIV.

Savez-vous ce qu'il faut faire, mon
cher Damoclès? Réglez votre dépenfe fur
vos moyens.　Point de diffipation, point
d'épargne fordide. Ainfi vous travaillerez,
& ce ne feront pas les autres qui recueille-

ront le fruit de vos peines: ainfi vous ne
mendierez pas les fecours des hommes
durs qui vous réduiroient en fervitude.
Ménagez pour votre vieilleffe; les riches-
fes font alors bien néceffaires: ménagez
même, quelque chofe qui refte après vous;
car il ne fe verfera pas de larmes à votre
enterrement, fi vous ne laiffez pas de quoi
les payer.

XCV.

Peu d'hommes réuniffent le mérite &
la beauté: ce n'eft pas un foible avantage
de raffembler ces deux préfents des cieux.

XCVI.

Tu as reçu un grand bienfait, & tu
n'as montré que de l'ingratitude: retombe
dans le même befoin, & retourne chez ton
bienfaiteur.

XCVII.

J'ai bu dans cette fontaine; l'eau m'en
paroiffoit douce & limpide: elle s'eft trou-
blée; j'irai puifer dans une autre fource.

XCVIII.

Avant de louer un homme, prends le
tems de le bien connoître; étudie fes inclinations, fon caractere, fes mœurs. Il

eſt des gens qui ne ſont que ſard; habiles
à cacher leur naturel pervers, ils ont une
ame & un viſage qu'ils ſavent prendre
dans l'occaſion.

XCIX.

Jeune & brillant encore de toutes les
fleurs du bel âge, profite bien de tes avantages, & livre ton ame à la vertu: les
dieux ne te permettront pas de parcourir
deux fois la carriere de la jeuneſſe. Les
humains ne peuvent ſe ſouſtraire à la mort:
la vieilleſſe vient ſaiſir leur tête de ſes
mains peſantes, elle leur reproche le tems
vainement écoulé.

C.

Heureux & trop heureux qui, ſans connoître encore les peines de la vie, deſcend
dans le noir aſyle des morts! Heureux qui
n'a pas eu le tems d'apprendre à redouter
les pieges de la haine; qui n'a pas aſſez
vécu pour étudier l'ame douteuſe de ſes
amis, & pour ſonder les profonds replis
de leurs cœurs!

CI.

Les richeſſes cachent le vice; & la
pauvreté, la vertu.

CII.

Insensés! nous pleurons les morts! versons plutôt des larmes sur la fleur de la jeuneſſe qui ſe flétrit.

CIII.

O mon ame, ame inſenſée, livre-toi donc à la joie! Bientôt d'autres mortels vont me ſuccéder, & je ſerai enſeveli ſous la terre.

CIV.

Si mon ennemi eſt homme de bien, je me garderai d'en dire du mal: je ne louerai jamais le méchant qui m'aime.

CV.

O Plutus, le plus beau, le plus déſirable des dieux, avec toi je puis faire le mal, je ſerai toujours honnête homme.

CVI.

Dans la joie des feſtins, j'oublie la pauvreté qui abat le cœur, je mépriſe le méchant dont la langue envenimée me pourſuit: mais je gémis encore ſur ma jeuneſſe, cette aimable jeuneſſe qui n'eſt plus; je verſe des larmes ſur la vieilleſſe qui me menace.

CVII.

Riche, tu m'as reproché ma misere: les dieux, peut-être, m'enverront aussi des richesses.

CVIII.

L'espérance est la seule divinité favorable qui soit restée parmi les humains. Les autres nous ont abandonnés, & sont montées sur l'Olympe. La Bonne-foi, la plus grande des immortelles, nous a délaissés; la Tempérance s'est retirée avec elle; les Graces ont fui loin de la terre. Il n'est plus de serment sacré, plus de mortel qui révere les dieux, plus de piété, plus de droits, plus de justice. Mais l'homme, tant qu'il respire encore, tant qu'il voit la lumiere du soleil, jouit des bienfaits de l'Espérance. Qu'il invoque les dieux, qu'il brûle en leur honneur les cuisses brillantes des victimes; mais que l'Espérance reçoive les premiers & les derniers de ses sacrifices.

CIX.

Je n'aime, je ne desire pas les richesses. Puissé-je, vivant de peu, n'éprouver jamais les maux qui accompagnent la misere!

CX.

CX.

Il eſt indifférent après la mort d'être étendu ſur des tapis ou ſur des ronces, ſur la roche ou ſur le duvet. Je ne deſire pas des biens que je ne pourrai ſentir. Eh! que m'importe, après mon trépas, d'être couché dans la tombe des rois?

CXI.

Les œuvres du juſte ſont ſaintes, ſes paroles ſont ſacrées: les vents emportent avec eux les paroles du méchant.

CXII.

Il eſt difficile de tromper celui qui nous veut du mal; il eſt bien facile d'en impoſer à l'ame confiante d'un ami.

DE PHOCYLIDE.

PHOCYLIDE parut un peu plus tard que
Théognis, & le copia quelquefois : il composa des poëmes héroïques, des élégies,
des sentences morales ; il ne nous reste
que quelques unes de ces dernieres.

- Il les a écrites en vers comme Théognis ; mais il n'a pas, comme lui, revêtu
ses pensées des ornements de la poësie ; *)
il n'a pas même cherché à ses rendre pi-
quantes par un tour ingénieux. C'est un lé-
gislateur qui prescrit à l'homme ses devoirs ;
il fait parler l'austere raison, & dédaigne
de l'embellir. On a besoin d'art pour persuader ; il est inutile quand on ordonne,
& Phocylide ordonne toujours. Il ne donne pas des avis, des leçons, mais des préceptes.

Des savants ont regardé ce qui nous
reste de ses ouvrages comme supposé, par-

*) Il n'a du moins emprunté de la poësie
que les deux comparaisons de la fourmi
& de l'abeille.

·cequ'on retrouve quelques uns de ſes vers parmi ceux qu'on a fauſſement attribués aux Sibylles: mais les pieux fauſſaires qui, par un·zele imprudent, compoſerent les vers ſibyllins, peuvent y avoir intercalé quelques vers de Phocylide pour répandre ſur leur ouvrage un vernis d'antiquité.

On a réimprimé depuis peu une prétendue traduction de Phocylide publiée vers la fin du·dernier ſiecle. C'eſt une paraphraſe dans laquelle il eſt fort difficile de reconnoître le texte. Si Phocylide dit ſimplement: „Ne garde pas le célibat, ſi „tu ne veux pas finir tes jours dans l'abán-„don. Rends à. la nature ce que tu lui „dois: tu as été engendré, tu dois engen-„drer à'ton tour;" ſon paraphraſte lui fait dire: „Le célibat n'eſt pas un état dont la „tranquillité doive être goûtée par toute „ſorte de perſonnes: il. eſt des noms qui „portent avec eux une·idée de gloire, de „vertu & de ſageſſe, qu'il eſt utile de trans-„mettre à la poſtérité." Ce n'eſt pas traduire, c'eſt falſifier. On diroit que Phocylide, moins occupé de donner des préceptes utiles à tous les hommes, que de flatter la vanité des grands, n'ait recom-

I ij

mandé le mariage qu'à ceux qui ont un
nom illuftre à tranfmettre à leurs enfants.
Et que devient cette menace qu'il fait au
célibataire de mourir dans l'abandon? Que
devient ce devoir prefcrit par la nature elle-même de donner la vie parceque nous
l'avons reçue? Le traducteur craignoit-il
d'offenfer la religion en recommandant
une union qu'elle confacre? Elle ne per-
met le célibat qu'à ces hommes rares que
le ciel excepte lui-même de la regle commune en les appellant à une perfection
particuliere: mais l'amour du luxe & de la
licence, un méprifable égoïfme, la cor-
ruption des mœurs, les vils interêts qui
font un fi grand nombre de célibataires,
font bien éloignés de la perfection.

❖❖❖❖❖❖❖❖❖❖❖❖❖❖❖❖❖❖❖❖❖❖

SENTENCES
de Phocylide.

I.

Ne contracte pas de mariage furtif &
scandaleux; ne te livre pas à des amours
infâmes.

II.

Ne trame point de rufes, ne trempe
point tes mains dans le sang.

III.

Sache vivre de ce que tu as justement
acquis: méprise les richesses que procure
l'iniquité. Content de ce que tu possedes,
abstiens-toi de ce qui ne t'appartient pas.

IV.

Dans tout ce que tu dis, fois l'inter-
prete de la vérité: ne permets pas à ta
bouche le menfonge.

V.

Que tes premiers respects soient pour les dieux, les seconds pour tes parents: accorde à chacun ce qui lui est dû, sans jamais te laisser corrompre.

VI.

Ne rebute point le pauvre. Que tes jugements soient dictés par la justice. Si tes jugements sont iniques, tu feras jugé par Dieu même à ton tour.

VII.

Aie le faux témoignage en horreur. Que ta langue soit l'organe de l'équité.

VIII.

Respecte la virginité: conserve toujours la bonne foi.

IX.

Tiens scrupuleusement la balance égale; ne la laisse pencher d'aucun côté.

X.

Crains en tout les extrêmes. En quelque chose que ce soit, la beauté résulte de la justesse des proportions.

XI.

Si tu prêtes un faux serment, ton ignorance même ne te servira pas d'excuse.

Quel que foit le parjure, la haine de Dieu
le pourfuit.

XII.

N'enleve pas les femences du laboureur: tout ravisseur est l'objet de l'exécra-
tion publique.

XIII.

Ne retiens pas la récompenfe de l'homme laborieux: garde-toi d'opprimer le
pauvre.

XIV.

Que ton jugement conduife ta langue:
enfevelis ton fecret dans ton fein.

XV.

Non content d'être jufte, ne permets
pas l'injuftice.

XVI.

Donne à l'inftant au malheureux; ne
lui dis pas de revenir le lendemain, & fouviens-toi que c'eft à pleines mains qu'il
faut donner à l'indigent.

XVII.

Sers de guide à l'aveugle, ouvre ta
maifon à l'exilé.

XVIII.

Toute navigation eſt incertaine; prends pitié du malheureux qui a fait naufrage.

XIX.

Préſente la main à celui qui tombe; ſauve l'infortuné qui ne peut trouver d'appui. La douleur eſt commune à tous les hommes, la vie eſt une roue, & la félicité n'a rien de ſtable.

XX.

Si tu poſſedes des richeſſes, partage-les avec le malheureux, & que l'indigence reçoive ſa part de ce que Dieu t'a prodigué.

XXI.

Puſſent tous les hommes n'avoir qu'un ſentiment, une fortune, une vie!

XXII.

Ceins l'épée pour te défendre, & non pour frapper: & plût à Dieu que tu n'euſſes jamais beſoin de t'armer même pour une juſte cauſe! car tu ne peux donner la mort à l'ennemi, que tes mains ne ſoient ſouillées.

XXIII.

Ne traverſe pas le champ de ton voi‑
ſin, & reſpecte ſon héritage. En tout la
modération eſt belle; en tout, la transgres‑
ſion eſt condamnable.

XXIV.

Reſpecte dans la campagne le fruit qui
n'eſt pas encore mûr.

XXV.

Accorde aux étrangers les mêmes
égards qu'à tes concitoyens. Nous ſom‑
mes tous également ſoumis à l'infortune,
& la terre elle-même n'offre point à l'hom‑
me un ſûr appui.

XXVI.

L'avarice eſt la mere de tous les cri‑
mes. C'eſt l'or qui conduit & qui égare
les hommes. Funeſte métal! que tu es
un guide infidele! Toi ſeul cauſes notre
perte; par toi ſeul tout eſt renverſé. Plût
aux dieux que tu ne fuſſes pas devenu
pour nous un mal néceſſaire! C'eſt à toi
que nous devons les combats, les rapines,
les maſſacres: par toi, les peres ne trou‑
vent que de la haine dans le cœur de leurs

enfants; par toi, les freres deviennent les
ennemis de leurs freres.

XXVII.

N'aie point un fentiment dans ton
cœur, un autre fur tes levres. Ne reffemble pas au caméléon, *) qui change de
couleur comme de place.

XXVIII.

L'homme volontairement injufte eft
atroce. Je n'ofe en dire autant de celui
qui obéit à la néceffité: mais fonde bien
le cœur du mortel que tu vois agir.

XXIX.

Ne t'enorgueillis ni de tes richeffes, ni
de ta force, ni de ta fageffe. Dieu feul eft
fage, feul il eft riche & puiffant.

XXX.

Compatis aux malheureux: ne fois
pas ébloui de l'éclat des grandeurs. L'excès du bien même eft funefte aux mortels:

*) Il y a dans l'original; Ne reffemble
point au polype, &c. parceque les anciens croyoient que le polype de mer,
lorfqu'il fe voyoit menacé de quelque
danger, prenoit la couleur de la roche à
laquelle il s'étoit attaché.

plongés dans les délices, ils recherchent
de nouvelles voluptés. La trop grande
richeffe conduit à l'orgueil & produit l'in-
folence; la chaleur du fang dégénere en
manie: la colere eft un mouvement paffa-
ger; mais, exaltée, elle devient fureur.

XXXI.

Que les maux qui font paffés ne trou-
blent point ton ame: il eft impoffible que
ce qui eft fait ne le foit pas.

XXXII.

Sache commander à ta main & mettre
un frein à ta colere. Trop fouvent celui
qui frappe devient meurtrier malgré lui.

XXXIII.

L'émulation des hommes honnêtes eft
louable; celle des méchants eft funefte.

XXXIV.

L'audace eft pernicieufe dans les méchants; elle eft d'un grand fecours à ceux
qui veulent faire le bien.

XXXV.

L'amour de la vertu eft honnête; l'a-
mour charnel ne conduit qu'à la honte.

XXXVI.

L'homme d'un caractere aimable &
doux fait le bonheur de ses concitoyens.

XXXVII.

N'envie pas le bonheur de tes égaux:
ils ont des défauts; n'aie que de l'indulgence. C'est la félicité des dieux de ne
pas connoître l'envie. La lune n'est pas
jalouse de la clarté plus brillante du soleil;
la terre, contente de sa place, n'ambition-
ne pas la hauteur des cieux; les fleuves ne
disputent pas de grandeur avec les mers:
tout est uni dans la nature par une concorde éternelle. Si la discorde se mettoit
parmi les dieux, le ciel seroit renversé.

XXXVIII.

Mange, bois, parle avec mesure. Conserve en tout la modération; en tout, évite
l'excès.

XXXIX.

Fuis toute action honteuse, & conserve la tempérance. Ne suis point de dangereux exemples, & ne repousse l'injustice
que par l'équité.

XL.

La persuasion produit les plus grands

biens; les querelles & les plaintes n'engendrent que des plaintes nouvelles.

XLI.

Ne crois pas légèrement: confidere
d'abord quel eſt le but de celui qui te parle.

XLII.

Il eſt beau de l'emporter en beaucoup
de choſes même ſur ceux qui font le bien.

XLIII.

Il vaut mieux offrir à l'inſtant à ſon
hôte une table frugale, que de le faire attendre pour lui donner, peut-être à con-
tre-cœur, un repas ſplendide.

XLIV.

Ne ſois pas pour le pauvre un créan-
cier rigoureux.

XLV.

N'enleve point à-la-fois tous les oi-
ſeaux du nid: reſpecte au moins la mere
pour avoir encore des petits.

XLVI.

Ne permets point à l'ignorant de remplir les fonctions de juge.

XLVII.

Il n'appartient qu'au fage d'enfeigner la fageffe, & qu'à l'artifte de prononcer fur l'art.

XLVIII.

L'ignorant eft incapable d'entendre les chofes élevées; on n'eft propre à rien quand on n'a pas cultivé fon efprit.

XLIX.

N'attire pas dans ta fociété de flatteurs parafites: ils n'aiment que la bonne chere, achetent un bon repas par leurs lâches careffes, fe piquent aifément, & ne font jamais fatisfaits.

L.

Ne mets pas ta confiance dans le peuple, il eft toujours inconftant: le peuple, le feu & l'eau ne peuvent être domtés.

LI.

Conferve la modération même dans les facrifices que tu offres aux dieux.

LII.

Accorde un peu de terre aux morts privés de fépulture, & ne trouble point la paix des tombeaux. Ne montre point au

foleil ce qui doit être caché, & n'attire pas
fur ta tête la vengeance divine.

LIII.

Sera-t-il permis à l'homme de diſſou-
dre ce qui fut lié par le créateur? Nous
croyons qu'un jour les reliques des morts
fortiront de la tombe, reparoîtront à la lumiere, & feront miſes au rang des dieux.
Dans les cadavres pourriſſants, les ames
reſtent incorruptibles; car l'eſprit eſt l'i-
mage de Dieu, qui ne fait que le prêter
aux mortels. C'eſt de la terre que nous
recevons nos corps; ils doivent ſe réſou-
dre en terre, & ne feront plus qu'une vile
pouſſiere: l'eſprit fera rendu à l'air pur
dont il eſt formé. *)

LIV.

N'épargne pas tes vaines richeſſes;
ſouviens-toi que tu es mortel. Jouirons-
nous de nos richeſſes dans les enfers? Y
porterons-nous nos tréſors?

*) Tout ce que les anciens avoient pu fai-
re pour ſe former une idée de la ſpiri-
tualité de l'ame, étoit de la comparer au
feu, *mens ignea,* ou au ſouffle, *pneuma,
ſpiritus, anima.*

LV.

Tous les morts font égaux, & Dieu
commande aux ames. Tous feront reçus dans les demeures éternelles, tous auront une commune patrie, & les mêmes
lieux attendent & les pauvres & les rois.

LVI.

Mortels, nous avons peu de tems à
vivre; quelques inftants nous font accor-
dés. Mais l'ame n'éprouvera pas la vieilleffe, & jouira d'une éternelle vie.

LVII.

Ne te laiffe pas accabler par le malheur, ni tranfporter par les évenements
heureux. Il faut fe défier fouvent dans la
vie de ce qui paroît le plus affuré.

LVIII.

Apprends à te conformer aux circonftances, & ne fouffle pas contre le vent.
Un inftant amene la douleur, un inftant
amene la confolation.

LIX.

La raifon eft une arme plus pénétran-
te que le fer.

LX.

LX.

Dieu a diſtribué des armes à tout ce qui exiſte. L'oiſeau a reçu la víteſſe, & le lion la force ; le taureau ſe défend par ſes cornes, & l'abeille par ſon aiguillon: la raiſon eſt la défenſe de l'homme.

LXI.

La ſageſſe eſt inſpirée par Dieu même ; rien n'eſt ſupérieur à la raiſon qu'elle conduit. L'homme qui n'a que de la force ne peut ſe meſurer avec le ſage. C'eſt la ſageſſe qui regle les travaux du laboureur, c'eſt elle qui régit les cités, elle qui dômte les mers.

LXII.

Ne te pique pas d'une ambitieuſe & bruyante éloquence: ne cherche pas à briller par tes diſcours, mais à les rendre utiles.

LXIII.

C'eſt ſe rendre coupable que de cacher un ſcélérat & de procurer au crime l'impunité. Dévouer le méchant à la haine, voilà notre devoir: vivre avec des criminels, c'eſt s'expoſer à mourir avec eux.

K

LXIV.

Ne reçois point en dépôt le butin du brigand. Celui qui vole & celui qui rece-le font coupables du même crime.

LXV.

Ufe fobrement de ce que tu poffedes; &, par de folles profufions, ne te con-damne pas toi-même à l'indigence.

LXVI.

Ne raffemble pas en plus grand nom-bre que tu n'en peux nourrir de ces ani-maux qui aident l'homme à tirer de la ter-re fa fubfiftance.

LXVII.

Diftribue à chacun la portion qui lui eft due; rien n'eft préférable à l'équité.

LXVIII.

Remets dans fon chemin le voyageur qui s'égare; arrache à la fureur des flots le malheureux qu'ils vont engloutir.

LXIX.

Releve même le cheval de ton enne-mi mortel qui eft tombé fur la route. Il eft bien doux d'acquérir un ami fincere dans la perfonne de fon ennemi.

LXX.

Ne compofe pas de poifons, ne con-
fulte pas de livres de magie.

LXXI.

Coupe le mal dans fa racine; guéris la
plaie avant qu'elle foit envenimée.

LXXII.

Ne mange point l'animal égorgé par
d'autres animaux; abandonne aux chiens
ces reftes impurs. C'eft aux bêtes féroces
à fe dévorer mutuellement.

LXXIII.

Refpecte la pureté des tendres vierges,
ne leur prends pas même la main avec
violence.

LXXIV.

Lorfque la guerre s'allume, fuis les
querelles & les diffentions.

LXXV.

Ne te nourris pas des reftes d'une table
étrangere. Dois à toi-même ta fubfiftance, & ne l'achete pas au prix de l'ignominie.

LXXVI.

Ne verfe pas tes bienfaits fur les méchants; c'eft femer fur les vagues de la mer.

LXXVII.

Travaille; tu dois payer ta vie par tes travaux. Le pareſſeux fait un vol à la ſociété.

LXXVIII.

N'as-tu pas appris de métier? va donc bécher la terre. Donne-toi de la peine, tu ne manqueras pas de travaux. Veux-tu te livrer à la navigation? les mers te ſont ouvertes. Veux-tu trouver des occupations champêtres? les campagnes ſont aſſez vaſtes.

LXXIX.

Sans le travail, rien n'eſt facile à l'homme, ni même aux immortels: le travail ajoute encore à la vertu.

LXXX.

Lorſque les fruits des campagnes dépouillées par le tranchant de la faucille viennent de récompenſer les travaux du laboureur, les fourmis quittent leurs demeures ſouterraines, & reparoiſſent, chaſſées de leurs retraites par le beſoin; elles recueillent les grains d'orge ou de froment abandonnés dans les guérets, & la fourmi qui traîne ſa charge avec peine, eſt ſuivie d'une autre fourmi chargée d'un ſemblable fardeau. Ce peuple, foible à la fois & laborieux, ne fe laiffe pas vaincre par la fatigue, & ramaffe pour l'hiver les bienfaits de l'été.

LXXXI.

Fille de l'air, la diligente abeille ne fe livre pas à des travaux moins affidus. Elle choifit pour fon attelier la fente d'une roche ou le creux d'un chêne antique. C'eft là qu'elle dépofe le fuc précieux qu'elle a recueilli de mille fleurs: elle en forme des palais innombrables de cire; elle en diftille le miel le plus délicieux.

LXXXII.

Ne garde pas le célibat fi tu ne veux pas finir tes jours dans l'abandon. Rends à la nature ce que tu lui dois: tu as été engendré; tu dois engendrer à ton tour.

LXXXIII.

Ne proftitue pas l'honneur de ta femme; n'imprime pas une tache flétriffante à tes enfants. Dans le lit d'une adultere naiffent des enfants qui ne fe reffemblent pas.

LXXXIV.

Refpecte les fecondes noces de ton pere; que le lit de fa nouvelle époufe foit fa-

K iij

cré pour toi.   Révere-la comme ta mere,
dont elle a pris la place.

LXXXV.

Ne t'abandonne point à des amours
effrénés.   Non, l'amour n'eſt point un
dieu; il eſt de toutes les paſſions la plus
dangereuſe & la plus funeſte.   Mais chéris la compagne de ton ſort.   Quelle douceur, quelle félicité, quand une ſage épouſe eſt aimée de ſon époux juſqu'à la derniere vieilleſſe, quand il lui rend toute la tendreſſe qu'elle lui prodigue, quand les querelles n'ont jamais diviſé ce couple heureux!

LXXXVI.

Abſtiens-toi de toute union charnelle
qui ne ſoit pas précédée d'un contrat, &
qui ne ſoit fondée que ſur la violence ou
la ſéduction.

LXXXVII.

Ne crains pas moins d'épouſer une méchante femme; & que l'appât d'une funeſte dot ne te rende pas l'eſclave d'une épouſe indigne de toi.   Imprudents que nous
ſommes! on nous voit courir toutes les
maiſons d'une ville pour nous procurer
des courſiers de race généreuſe, des tau-

reaux vigoureux, & des chiens ardents à
la chaffe: mais nous ne prenons aucune
peine pour trouver une femme vertueufe.
Les femmes, non moins éblouies par l'é-
clat de l'or, ne refufent pas de riches &
méprifables époux.

LXXXVIII.

N'ajoute pas des noces nouvelles à tes
premieres nòces, ni de nouvelles douleurs
à tes premieres calamités.

LXXXIX.

Ne montre point à tes enfants un vifage févere; que ta douceur gagne leur
amour. S'ils font quelque faute, fais-les
corriger par leur tendre mere, fais-les reprendre par les plus anciens de ta famille
& par de refpeçtables vieillards.

XC.

Ne fouffre pas que tes fils foient frifés
comme de jeunes filles, & qu'ils laiffent
mollement flotter fur leurs épaules les bou-
cles de leurs cheveux. C'eft aux femmes
que fied bien le foin de leur chevelure;
cette vanité eft indigne de l'homme.

XCI.

Tes enfants ont-ils reçu le dangereux
avantage de la beauté? veille fur tes fils,
défends-les des attaques de la fureur licen-
cieufe. Que des clefs te répondent de la
couche de tes filles; ne permets pas qu'a-
vant le mariage leurs attraits foient apper-
çus hors du feüil de ta porte. C'eft une
garde difficile que celle de la jeuneffe unie
à la beauté.

XCII.

Aime ta famille, & fais-y régner la
concorde. Refpecte les cheveux blancs,
cede la place à la vieilleffe, & ne lui dis-
pute jamais les honneurs qui font dus à
cet âge vénérable. Rends au fage vieillard tous les hommages que ton pere re-
cevroit de toi.

XCIII.

Ne prive pas les miniftres des autels
de la portion des victimes qui doit leur
appartenir.

XCIV.

Accorde à tes domeftiques une nourri-
riture faine & fuffifante. Tu veux qu'ils
te chériffent, ne leur refufe pas ce qu'ils

ont droit d'attendre de toi. N'abuſe pas
du pouvoir que la fortune t'a donné ſur
eux, & n'ajoute pas de nouvelles peines à
leurs maux, un nouvel aviliſſement à leur
humiliation. N'accuſe pas légèrement auprès de ſon maître un domeſtique étranger.

XCV.

Ton valet eſt-il prudent? ne rougis
pas de prendre ſes conſeils.

XCVI.

Ton ame eſt-elle ſaine? ton corps ſera toujours pur.

Telles ſont les loix de la juſtice: con-
formes-y ta conduite, le bonheur t'accom-
pagnera juſqu'à la derniere vieilleſſe.

K v

DES SAGES DE LA GRECE.

On a de tout tems abuſé des mots. La force, & le courage qu'elle inſpire, conſtituerent chez les Romains ce qu'ils appellerent vertu. Un chanteur habile obtient dans l'Italie moderne le titre de vertueux. On feroit tenté de croire que les Grecs furent plus ſenſés; ils appelloient ſage le mortel éclairé qui ſe mettoit au-deſſus du vulgaire par des connoiſſances alors peu communes dans l'art de gouverner ſes ſemblables: mais on ne ſait plus que penſer quand on les voir décorer de ce beau titre un tyran cruel.

Le vrai ſage, peu connu, peu curieux de ſe faire connoître, jouit de ſa vertu, & n'affecte pas de montrer les larmes qu'il répand ſur les vices & les malheurs de l'humanité: il a fait le bien en ſilence; il a mérité des amis, & ne s'eſt pas fait un parti; il vit & meurt dans l'obſcurité.

S'il a de grands talents, s'il veut les
rendre utiles, il emporte fouvent au tombeau la douleur d'avoir perdu le fruit de
fon zele : fes ingrats contemporains n'ont
payé fes travaux que de leur haine ; il aura des autels dans le cœur de leurs defcendants.

Puiffe du moins le vrai fage qui a pré-
paré l'indépendance de fa patrie, qui vient
de la voir confirmée, ne trouver au nord
du nouveau monde que des cœurs épris de
fes vertus & fenfibles à fes bienfaits, comme il n'aura dans la poftérité que des amis
& des admirateurs !

On ne s'accorde pas fur le nombre des
fages de la Grece. Quelques uns n'en ont
admis que quatre, d'autres en ont porté le
nombre jufqu'à dix-fept : on a même quelquefois compris entre eux Anacharfis, qui
n'étoit pas Grec, & ce fameux dormeur
qui éprouva dans une caverne un fommeil
de cinquante-fept ans. Vouloit-on faire
entendre qu'il faut aller chercher la fageffe
dans le pays des fables ?

Nous fuivrons l'opinion commune,
qui n'admet que fept fages.

THALÈS.

Thalès, d'origine phénicienne, obtint le premier ce titre, & paroît l'avoir mérité. Né à Milet, & chargé de l'administration de sa patrie, il ne donnoit à l'étude de la nature que les moments qu'il pouvoit dérober anx affaires.

La Grece étoit encore ignorante: c'est en Egypte que les jeunes Grecs alloient chercher des connoissances étrangeres à leur patrie. Thalès y apprit la géométrie & les sciences, qu'il rapporta chez ses concitoyens. Il regardoit l'intelligence, ou Dieu, comme l'auteur & l'ame du monde, & l'eau comme le principe matériel des choses.

Cette doctrine du principe humide étoit sans doute empruntée des Égyptiens, qui devoient à la retraite encore récente de la mer une portion considérable de leur pays; qui trouvoient des coquillages dans le sein de toutes leurs montagnes, & dans la substance même de leurs métaux; qui ne tiroient de leurs puits & de leurs fontaines qu'une eau saumâtre & salée, & qui recevoient leur subsistance des inondations du Nil. C'est aussi de l'Égypte que le consul Maillet rapporta le même système.

Thalès naquit 640 ans avant notre
ere, & vécut quatre-vingt-dix ans.

SOLON.

Les anciens nous apprennent que Solon defcendoit de Codrus, dernier roi d'A-
thenes. La nobleffe athénienne ne mé-
prifoit pas le commerce : il s'y livra. Ses
mœurs n'étoient pas aufteres. Un homme qui, de nos jours, imiteroit fa vie molle & délicate, qui feroit des vers auffi li-
cencieux, & qui montreroit les mêmes
goûts dans fes amours, n'obtiendroit pas
généralement la réputation de fage.

Il ne fe livra point à la phyfique, qui
ne confiftoit alors qu'en de vaines fpécu-
lations, & qui négligeoit l'obfervation &
l'expérience. La partie de la morale qu'on
a depuis appellée politique, fit le feul objet de fes études.

Les Athéniens gémiffoient fous les
loix de Dracon, qui puniffoient indifférem-
ment de mort toutes les fautes ; ou plutôt
ils vivoient dans l'anarchie, parceque des
loix attroces ne trouvent pas d'exécuteurs.
Solon fut choifi pour donner de nouvelles
loix à fa patrie.

Il ne chercha ni à flatter ceux qui lui
avoient procuré cet augufte emploi, ni à
plaire aux hommes puiffants.   Cependant
fa législation ne put échapper à la critique,
& lui-même n'en étoit pas fatisfait.   „Je
„n'ai pas donné aux Athéniens, difoit-il,
„les meilleures des loix; mais je leur ai
„donné les meilleures loix qu'ils fuffent
„capables de recevoir."

Tout le monde fait le mot d'Anacharfis: „A quoi t'occupes-tu, mon cher So-
„lon? Ne fais-tu pas que les loix font des
„toiles d'araignées? les foibles s'y pren-
„nent; le puiffant les déchire."

On lui reproche d'avoir trop favorifé
le peuple: c'eft qu'il l'aimoit; c'eft qu'il
voyoit avec douleur combien les hommes
puiffants ont de moyens d'opprimer le
pauvre, & combien le pauvre en a peu de
fe défendre.

Il eft certain qu'il donna un grand
pouvoir au peuple en le rendant juge en
dernier reffort de toutes les caufes; & plus
encore, en faifant fes loix fi obfcures,
qu'il falloit fans ceffe recourir au peuple
pour les interpréter.

Il donna ſes loix 594 ans avant l'ere vulgaire, & mourut à l'âge de quatre-vingts ans. Il s'étoit flatté d'aſſurer pour toujours la liberté de ſes concitoyens ; & il eut la douleur de voir Piſiſtrate, ſon ami, ſon parent, uſurper la tyrannie.

CHILON.

Chilon de Lacédémone fut revêtu de la dignité d'éphore, 556 ans avant notre ere. Ses jugements furent toujours dictés par la juſtice, & il ſe reprocha toute ſa vie de l'avoir fait éluder une fois. Un de ſes amis s'étoit rendu coupable ; il eut le courage de le condamner, mais il lui conſeilla d'appeller de ſon jugement. Telle eſt la faute qu'il ne pouvoit ſe pardonner : il eſt abſous par tous les cœurs ſenſibles.

Son éloquence étoit celle de ſon pays ; toujours forte, toujours renfermée dans peu de paroles.

Il mourut de joie en embraſſant ſon fils, qui, dans les jeux olympiques, venoit d'être vainqueur au combat du ceſte.

PITTACUS.

Pittacus de Mitylene, dans l'isle de Lesbos, défit & chaſſa le tyran Mélanchre qui opprimoit ſa patrie. Élevé lui-même

à la fouveraineté par le vœu de fes cónci-
toyens, il conferva dix ans la puiſſance
pour aſſurer leur bonheur, abdiqua de lui-
même, & leur rendit la liberté. Il battit
les Atheniens, & tua de ſa main leur général.

Il écrivit un ouvrage en profe fur les
loix, & compoſa un grand nombre de
vers. Il préféroit aux grandeurs & à la
fortune les douceurs de la médiocrité, &
renvoya un riche préſent que lui faiſoit
Créſus.

Né dans l'obfcurité, il eut la foibleſſe
d'épouſer une femme d'une haute nobleſ-
fe, qui le rendit malheureux par ſon orgueil.

BIAS.

Bias de Priene profita des faveurs de
la fortune pour ſatisfaire ſon penchant à
la bienfaiſance. Il racheta de jeunes capti-
ves de Meſſene, prit ſoin de leur éducation avec toute la tendreſſe d'un pere, &
les renvoya dans leur patrie après les avoir
richement dotées. Il compoſa une piece
de deux mille vers ſur le moyen d'être
heureux: il l'avoit trouvé, puiſqu'il faiſoit
le bien.

Son

Son éloquence avoit beaucoup de force & de vivacité. Il plaida dans fa vieilleſſe la cauſe d'un de ſes amis, &, après avoir fini de parler, il repoſa ſa tête ſur le ſein de ſon neveu. Quand les juges eurent prononcé en ſa faveur, on voulut le réveiller; mais il avoit rendu le dernier ſoupir.

CLÉOBULE.

Cléobule de Lindes, dans l'iſle de Rhodes, fut élevé à la ſouveraineté de ſa patrie. Il cultiva la poëſie, & ſa fille Cléobuline mérite elle-même d'être comptée parmi les poëtes.

PÉRIANDRE.

C'eſt une honte pour la Grece d'avoir mis Périandre au nombre des ſages. Quelques auteurs ont penſé qu'il avoit exiſté en même tems deux Périandres, dont l'un fut un ſage & l'autre un tyran: mais l'opinion générale eſt que le tyran & le prétendu ſage ne furent qu'un même homme.

Magiſtrat de Corinthe, ſa patrie, il ſe fit entourer de gardes bien armés, &, par leur moyen, il aſſervit ſes concitoyens. Il ne ſouffroit dans ſon état uſurpé que des

L

gens dont il connoiſſoit bien l'ame foible
& ſervile, & ſes moindres ſoupçons étoient
des arrêts de mort.

Dans un mouvement de colere, il tua
d'un coup de pied ſa femme enceinte; il
exila ſon fils qui la pleuroit. Ses agita‑
tions, ſes craintes, ſes remords, le puni‑
rent de ſa tyrannie qu'il n'eut pas le cou‑
rage d'abdiquer. Son regne & ſon ſup‑
plice durerent quarante ans. Affoibli par
l'âge, & ne pouvant plus réſiſter aux tour‑
ments qui le déchiroient, il envoya pen‑
dant la nuit des jeunes gens dans une em‑
buſcade, avec ordre de maſſacrer le pre‑
mier homme qui ſe préſenteroit devant
çux. Ce fut lui-même qui alla s'offrir à
leurs coups; ils le frapperent ſans le re‑
connoître.

Ce monſtre, qui parloit quelquefois
avec ſageſſe, & qui étoit ami des ſix autres
ſages, vécut quatre-vingts ans, & mourut
dans la 585e année avant notre ere.

❖❖❖❖❖❖❖❖❖❖❖❖❖❖❖❖❖

SENTENCES
des Sages de la Grece.

THALÈS.

I.

Quel eſt le plus heureux des états? Celui où le ſouverain peut prendre ſans danger le plus de repos.

II.

L'eſpérance eſt le ſeul bien qui ſoit
commun à tous les hommes: ceux qui
n'ont plus rien la poſſedent encore.

III.

Heureuſe la famille qui n'a pas trop
de rfchéſſes, & qui ne ſouffre pas la pauvreté!

IV.

Rien de plus funeſte que la malignité:
elle bleſſe même l'homme de bien qu'elle
touche.

L ij

V.

Connois l'occasion, & ne publie pas d'avance ce que tu veux faire. Tu manquerois ton projet, & tu prêterois à rire à tes envieux.

VI.

Ne fais pas toi-même ce qui te déplaît dans les autres.

VII.

N'insulte pas aux maux de l'infortuné : la vengeance du ciel est toute prête en sa faveur.

VIII.

Aime tes parents. S'ils te causent quelques incommodités légeres, apprends à les supporter.

IX.

Rien de plus ancien que Dieu, car il n'a pas été créé : rien de plus beau que le monde, & c'est l'ouvrage de Dieu : rien de plus actif que la pensée, elle se porte dans tout l'univers : rien de plus fort que la nécessité, car tout lui est soumis : rien de plus sage que le tems, puisqu'on lui doit toutes les découvertes.

X.

Thalès, en obfervant les aftres, fe lais-
fa tomber dans un foffé. „Il n'a que ce
„qu'il mérite, dit une femme de Thrace
„qui le fervoit: il veut lire dans les cieux,
„& ne fait pas même ce qui eft à fes pieds.”

SOLON.

XI.

Les courtifans reffemblent à ces jet-
tons dont on fe fert pour compter; ils
changent de valeur au gré de celui qui les
emploie.

XII.

Bien des méchants s'enrichiffent, bien
des hommes vertueux languiffent dans la
mifere. Voudrois-je donner ma vertu pour
les tréfors du méchant? Non, fans doute:
je puis conferver mon cœur dans toute fa
pureté; les richeffes changent tous les
jours de maîtres.

XIII.

Ne donne pas à tes amis les confeils
les plus agréables, mais les plus avan-.
tageux.

XIV.

Solon avoit perdu ſon fils & le pleuroit. On lui repréſenta qu'il ne pouvoit
lui faire aucun bien par ſes larmes. „C'eſt
„pour cela même que je pleure," répondit-il.

XV.

Sage Athénien, lui diſoit Créſus, ma
fortune te paroît donc bien peu de choſe,
puiſque tu ne daignes même pas me comparer à de ſimples citoyens? Créſus, répondit le ſage, pourquoi m'interroger ſur
les proſpérités humaines, moi qui ſais combien la fortune eſt envieuſe & changeante?
Dans un long eſpace d'années, on voit bien
des choſes qu'on n'auroit pas voulu voir ;
on ſouffre bien des maux qu'on n'auroit
pas voulu ſupporter. Je vois bien que
vous poſſédez de grandes richeſſes, que
vous régnez ſur des peuples nombreux:
mais puis-je vous appeller heureux, ſi
j'ignore quelle ſera la fin de votre carriere? Si la fortune n'accorde pas au riche de
terminer heureuſement ſa vie, il n'eſt pas
plus heureux avec tous ſes tréſors, que le
pauvre qui gagne chaque jour de quoi vivre. Combien ne trouve-t-on pas de mor-

tels opulents qui font en même tems malheureux! Mais on trouve auffi des hommes qui vivent contents dans la médiocrité. Il eft impoffible au même homme de
raffembler en lui tout ce qui fait le bonheur. Un feul pays ne réunit pas les pro-
ductions de toutes les efpeces: il en a
quelques unes, il lui en manque d'autres,
& le meilleur de tous eft celui qui en ras-
femble le plus. De même un feul homme ne poffede pas tous les avantages; il
jouit de quelques uns, d'autres lui font re-
fufés: mais celui qui en a conflamment le
plus grand nombre, & qui termine heu-
reufement fa vie, voilà l'homme que j'appelle heureux. Combien de mortels les
dieux n'ont comblés de toutes les faveurs
de la fortune, que pour les plonger enfui-
te dans la derniere des calamités!

XVI.

La maifon la plus heureufe eft celle qui
ne doit pas fes richeffes à l'injuflice, qui ne
les conferve pas par la mauvaife foi, à qui
fes dépenfes ne caufent pas de repentir.

XVII.

Il fe commettroit peu de crimes, fi les
témoins de l'injuflice n'en-étoient pas

moins indignés que les malheureux qui en
font les victimes.

XVIII.

Tant que tu vivras, cherche à t'inftruire: ne préfume pas que la vielleffe apporte avec elle la raifon:

XIX.

La fociété eft bien gouvernée quand
les citoyens obéiffent aux magiftrats, & les
magiftrats aux loix.

XX.

Redoute la volupté; elle eft mere de
la douleur.

XXI.

Ne te hâte ni de faire des amis nouveaux, ni de quitter ceux que tu as,

XXII.

Ou n'approche pas des rois, ou dis-
leur ce qu'il leur eft utile d'entendre.

XXIII.

Garde-toi bien de dire tout ce que
tu fais.

XXIV.

Solon gardoit le filence à table. Pourquoi ne dis-tu rien? lui demanda Périan-

dre: eſt-ce ſottiſe? eſt-ce ſtérilité? Ne
ſais-tu donc pas, lui répondit Solon, qu'il
eſt impoſſible au ſot de ſe taire dans un
repas?

CHILON.

XXV.

Tu gémis de tes malheurs! ſi tu con-
ſidérois tout ce que ſouffrent les autres, tu
te plaindrois plus doucement de tes maux.

XXVI.

Ce qu'un prince a de mieux à faire,
c'eſt de ne croire aucun de ceux qui l'environnent.

XXVII.

Connois-toi toi-même. Rien de plus
difficile: l'amour-propre exagere toujours
nôtre mérite à nos propres yeux.

XXVIII.

Tu parles mal des autres: tu ne crains
donc pas le mal qu'ils diront de toi?

XXIX.

Tes amis t'invitent à un repas; arrive
tard ſi tu veux. Ils t'appellent pour les
conſoler; hâte-toi.

L v

XXX.

Il vaut mieux perdre que de faire un gain honteux.

XXXI.

Défie-toi de l'homme empreſſé qui cherche toujours à ſe mêler des affaires des autres.

XXXII.

Fais-toi pardonner ta púiſſance par ta douceur: mérite d'être aimé; redoute d'ê-tre craint.

XXXIII.

Ne permets pas à ta langue de courir au-devant de ta penſée.

XXXIV.

Garder le ſecret, bien employer ſon loiſir, ſupporter les injures, ſont trois cho-ſes bien difficiles.

XXXV.

La pierre de touche fait connoître la qualité de l'or; & l'or, le caractere des hommes.

PITTACUS.

XXXVI.

Un fils vouloit plaider contre fon pere. „Vous ferez condamné, lui dit Pitta-„cus, fi votre caufe eft moins jufte que la „fienne: fi elle eft plus jufte, vous ferez „encore condamné."

XXXVII.

Heureux le prince, quand fes fujets craignent pour lui, & ne le craignent pas!

XXXVIII.

Tu réponds pour un autre: le repentir n'eft pas loin.

XXXIX.

L'homme prudent fait prévenir le mal: l'homme courageux le fupporte fans fe plaindre.

XL.

J'aime la maifon où je ne vois rien de fuperflu, où je trouve tout le néceffaire.

XLI.

Voulez-vous connoître un homme? revêtez-le d'une grande puiffance.

XLII.

L'état est heureux quand les méchants ne peuvent y commander.

XLIII.

Attends de tes enfants dans ta vieillesse ce que toi-même auras fait pour ton pere.

XLIV.

Cache ton bonheur: mais, en fuyant l'envie, n'excite pas la pitié.

XLV.

En commandant aux autres, sache te gouverner toi-même.

BIAS.

XLVI.

Le plus malheureux des hommes est celui qui ne sait pas supporter le malheur.

XLVII.

Monarque, tu veux te couvrir de gloire: sois le premier soumis aux loix de ton empire.

XLVIII.

Le méchant suppose tous les hommes perfides comme lui: les bons sont faciles à tromper.

XLIX.

Ces gens qui appliquent toute leur intelligence à des chofes inutiles, reffemblent
affez bien à l'oifeau de nuit qui voit clair
dans les ténebres & devient aveugle à la
clarté du foleil. Leur efprit eft plein de
fagacité quand ils l'appliquent à de favan-
tes bagatelles : il ne voit plus, quand il eft
frappé de la véritable lumiere.

L.

La bonne confcience eft feule au-des-
fus de la crainte.

LI.

Defirer l'impoffible, être infenfible à
la peine des autres, voilà deux grandes maladies de l'ame.

LII.

Tu te portes pour arbitre entre deux
de tes ennemis : tu te feras un ami de celui que tu vas favorifer. Tu ofes te con-
ftituer juge entre deux de tes amis : fois
fûr que tu vas en perdre un.

LIII.

Ecoute beaucoup, & ne parle qu'à
propos.

LIV.

Bias pleuroit en condamnant un homme à la mort. Si vous pleurez, lui dit quelqu'un, sur le coupable, pourquoi le condamnez-vous? Il faut, répondit-il, suivre la nature, qui nous inspire la pitié, & obéir à la loi.

CLÉOBULE.

LV.

Puissé-je vivre dans un état où les citoyens craignent moins les loix que la honte!

LVI.

Sois riche sans orgueil, pauvre sans abattement; aie l'injustice en horreur, observe la piété, contribue au bonheur de tes concitoyens, réprime ta langue, ne fais rien avec violence, instruis tes enfants, appaise les querelles, regarde comme tes ennemis ceux de l'état: tel est le caractere de la vertu.

LVII.

Choisis une femme parmi tes égaux. Si tu la prends dans un rang plus élevé, tu n'auras pas des alliés, mais des tyrans.

LVIII.

Ne te mets jamais du parti d'un railleur; tu te ferois un ennemi de sa victime.

LIX.

Beaucoup de paroles, encore plus d'ignorance, c'est ce qu'on trouve dans la plupart des hommes.

LX.

Répands tes bienfaits sur tes amis, pour qu'ils t'aiment plus tendrement encore: répands-les sur tes ennemis, pour qu'ils deviennent enfin tes amis.

PÉRIANDRE.

LXI.

La volupté ne dure qu'un instant: la vertu est immortelle.

LXII.

Que brillants de tout l'éclat de la fortune, qu'accablés des plus affreux revers, tes amis te trouvent toujours le même.

LXIII.

On a tiré de toi par force des promesses dangereuses: va, tu n'as rien promis.

LXIV.

Quand tu parles de ton ennemi, songe qu'un jour, peut-être, tu deviendras son ami.

LXV.

Ne te contente pas de reprendre ceux qui ont fait des fautes; retiens ceux qui vont en faire.

LXVI.

Veux-tu régner en sûreté? Ne te fais pas entourer de satellites armés de fer: n'aie d'autre garde que l'amour de tes sujets.

DE

DE
PYTHAGORE.

Seul des fages de la Grece, Thalès, inftruit par les prêtres de l'Égypte, avoit cultivé l'aftronomie, la phyfique & la géométrie. Perfonne après lui ne parut avec plus d'éclat que Pythagore de Samos, fils de Mnéfarchus & de Parthénis. Il reçut des leçons de Phérécyde, difciple de Pittacus : mais fon génie ardent & fon avide curiofité ne lui permettoient pas de s'en tenir à cette école.

Il voyagea dans tous les pays où il crut trouver à s'inftruire ; il vifita les prêtres de la Chaldée ; on a même prétendu qu'il avoit pénétré jufqu'à l'Inde, où il avoit reçu des leçons des gymnofophiftes. Il eft certain du moins qu'il refta long-tems en Égypte.

Déja la Grece s'étoit élevée au-deffus de toutes les nations par les charmes d'une

M

langue aussi riche qu'harmonieuse, & par
les chants d'Homere & d'Hésiode : mais
on y connoissoit encore peu les sciences
spéculatives ; & les jeunes gens n'avoient
d'autre moyen de s'instruire, qu'en voya-
geant chez des peuples plus anciennement
policés.   Cependant leurs esprits n'étoient
pas préparés à recueillir les fruits qu'ils
attendoient de leurs fatigues.   Disciples
soumis, & prévenus d'une dangereuse admiration pour leurs maîtres, ils recevoient sans examen tout ce que les prêtres
de l'Égypte daignoient leur communiquer.
Ils prenoient les rêveries de ces tristes pen-
seurs, leurs préjugés, leurs erreurs, & jusqu'à leurs mensonges, pour des vérités
sublimes, & donnoient le nom de sagesse
à l'amas informe d'idées mystiques qu'ils
rapportoient dans leur patrie.   Telle est
l'origine de cette fausse métaphysique in-
troduite dans la Grece par Pythagore, ado-
ptée ensuite par Timée, surchargée par Platon de nouvelles subtilités, rendue plus
obscure encore par ses disciples, & qui a
nui si long-tems aux progrès de la vérité.

Ce fut à Crotone que s'établit Pythagore, & de là sa secte reçut le nom d'Itali-
que.   Les prêtres de l'Égypte faisoient un

grand myſtere de leur doctrine; il ſe fit
un devoir de les imiter: mais s'il croyoit
ſes principes utiles, pouvoit-il innocem-
ment les tenir ſecrets?

Ses diſciples porterent juſqu'au fana-
tiſme l'obſervation du myſtere. Du tems
que Denys régnoit à Syracuſe, un certain
Mullias & Timycha, ſa femme, étoient
de la ſecte pythagoricienne. Le prince
vouloit apprendre d'eux la cauſe de l'aver-
ſion de cette ſecte pour les feves; Timycha, craignant qu'il ne la fît expoſer à des
tortures ſupérieures à ſa foibleſſe, ſe cou-
pa, dit-on, la langue avec les dents, & la
cracha au viſage de Denys.

L'école de Pythagore étoit réellement
une ſorte de cloître. On commençoit par
un rude noviciat. Il falloit garder le ſilence pendant cinq ans. Après ce tems
d'épreuve, on apportoit ſes biens en commun. Les chairs de certains animaux
étoient interdites; on ne pouvoit manger
que certaines parties de quelques autres;
il étoit ſévèrement ordonné de s'abſtenir
de feves & de poiſſons. Si quelque diſci-
ple ſe dégoûtoit de l'école & rentroit dans
le monde, on célébroit ſes obſeques.

M ij

Pythagore avoit apporté toutes ces pratiques de l'Égypte aussi-bien que sa théo-
logie. Il enseignoit qu'un dieu unique
& créateur avoit formé les dieux immortels, semblables à lui; & au-dessous d'eux,
les demons & les héros. Les démons ou
génies étoient les ministres du dieu suprême: ils étoient placés dans les différentes
spheres, l'air en étoit rempli. C'étoient
eux qui envoyent aux hommes les songes,
la santé, les maladies; c'étoient eux seuls
qui agissoient sur les êtres créés; c'étoit à
eux que se rapportoient les cérémonies re-
ligieuses, les expiations, les divinations,
les purifications. Il falloit prier les démons à midi; on pouvoit invoquer les
dieux à toute heure.

Ce qui est singulier, c'est que Pythagore lioit sa morale à ce systême hiérar-
chique. Nous devons, disoit-il, aimer nos
peres & nos meres, parcequ'ils nous re-
présentent les dieux immortels: nous devons aimer nos proches, parcequ'ils sont
pour nous l'image des génies; & considé-
rer dans nos amis les ames heureuses qui,
après avoir animé des corps mortels, sont
admises dans les chœurs célestes.*)

*) J'écoute avec respect Pythagore quand

Cette bizarrerie n'empêche pas que Pythagore n'ait débité des maximes d'une
morale très pure. Les vers dorés, qui portent son nom & qui contiennent sa doctrine, sont de Lysis, l'un de ses disciples.
C'est un de ces monuments antiques que
l'on conserve avec respect, précisément
parcequ'ils sont antiques. D'ailleurs on
aime à se prouver à soi-même, par des
monuments multipliés, que la morale est
une, qu'elle est de tous les tems, de tous
les pays, & que l'homme ne peut enfreindre ses devoirs sans offenser la raison uni-
verselle d'où ils sont émanés. C'est ce
qui fait le prix du plus grand nombre des
sentences répandues dans ce volume.

Pythagore, au titre de sage, substitua
celui de philosophe, ami de la sagesse. La
vraie sagesse est une perfection de l'esprit
& du caractere, dépendante en partie de
l'organisation, perfectionnée par la médi-
M iij

il m'ordonne de regarder mon pere
comme une image des dieux mêmes;
mais je ne puis m'empêcher de le trouver un peu bizarre, quand il veut que je
regarde mes cousins comme des génies,
& mes amis comme des ames.

tation, l'étude & l'exercice: la philofophie devint une profeffion. Ç'auroit été du moins la premiere de toutes, fi les Grecs ne l'avoient pas fouvent dégradée par de la charlatanerie. La république romaine eut dans la fuite des citoyens, des magiftrats, des guerriers philofophes: plufieurs écrivirent des ouvrages philofophiques, plufieurs même eurent la foibleffe d'embraffer des fectes; mais aucun ne fit un métier de la philofophie.

On prétend que Pythagore fe vantoit d'entendre diftinctement la mufique des corps céleftes; qu'il parut aux jeux olympiques avec une cuiffe d'or? qu'il refta une année entiere, d'autres difent fept ans, renfermé dans une caverne; qu'il prétendit revenir des enfers & qu'il raconta au peuple tout ce qui s'étoit paffé dans fon abfence, parceque fa mere lui en fournit un regiftre fidele. Si fa mémoire n'a point été calomniée, s'il s'eft rendu coupable de ce manege, ce patriarche de la philofophie avoit bien fait de renoncer au titre de fage, & ne méritoit pas celui d'ami de la fageffe.

Les auteurs ne font pas d'accord fur le récit de fa fin; mais la plupart convien-

nent que fes jours furent terminés par une
mort violente. L'opinion la plus générale
le eft que les Crotoniates, fachant que Pythagore & fes difciples étoient raffemblés
chez Milon, mirent le feu à la maifon de
cet athlete; que Pythagore parvint à fe
fauver à travers les flammes; qu'il erra de
ville en ville fans que perfonne voulût le
recevoir, & qu'il mourut de faim dans un
temple où il s'étoit réfugié. D'autres difent qu'étant pourfuivi, il fut arrêté par
un champ de feves; c'étoit pour lui un
mur d'airain, il n'ofa le franchir, & fut
maffacré. Toutes fes écoles furent détrui-
tes dans la grande Grece.

    Pourquoi une perfécution fi violente?
C'eft que la feéte de Pythagore, avec fon
appareil myftique & monaftique, étoit une
forte de religion nouvelle, intolérante &
deftruétive de l'ordre focial: c'eft auffi que
Pythagore avoit l'ambition d'entrer dans
les affaires des gouvernemens, & de les
diriger; ambition qu'il tranfinit à fes difciples, & qui caufa leur ruine vers les tems
de Philippe & d'Alexandre.

    „Embraffez, difoit Pythagore, le gen-
„re de vie le plus conforme à la vertu. Il

„eſt peut-être le plus pénible, mais il de-
„vient le plus agréable par l'habitude.”

On lui demandoit ſi les hommes pouvoient reſſembler aux dieux. „Oui, ré-
„pondit-il, & c'eſt lorſqu'ils diſent la vé-
„rité.”

C'eſt lui qui introduiſit dans l'occident
la doctrine de la tranſmigration des ames,
ſi ancienne dans l'Inde, d'où elle avoit pénétré juſqu'en Egypte.

◆◆◆◆◆◆◆◆◆◆◆◆◆◆◆◆◆◆◆◆◆◆◆

LES VERS DORÉS

ATTRIBUÉS

A PYTHAGORE.

I.

Révere les dieux immortels, c'eſt ton
premier devoir. Honore-les comme il eſt
ordonné par la loi.

II.

Reſpecte le ferment. Vénere auſſi les
héros, dignes de tant d'admiration, & les

démons terreſtres; *) rends-leur le culte
qui leur eſt dû.

III.

Reſpecte ton pere & ta mere, & tes
proches parents.

IV.

Choiſis pour ton ami l'homme que tu
connois le plus vertueux. Ne réſiſte point
à la douceur de ſes conſeils, & ſuis ſes
utiles exemples.

V.

Crains de te brouiller avec ton ami
pour une faute légere.

VI.

Si tu peux faire le bien, tu le dois: la
puíſſance eſt ici voiſine de la néceſſité.
Tels ſont les préceptes que tu dois ſuivre.

VII.

Prends l'habitude de commander à la
gourmandiſe, au ſommeil, à la luxure, à
la colere.   M v

*) Le dieu créateur, les dieux immortels,
les héros ou génies, les démons terreſtres, ou les ames qui avoient appartenu
à des hommes vertueux, formoient l'hié-
rarchie pythagoricienne. Elle a été aug-
mentée dans la ſuite par les platoniciens,

VIII.

Ne fais rien de honteux en préſence des autres ni dans le ſecret. Que ta premiere loi ſoit de te reſpecter toi-même.

IX.

Que l'équité préſide à toutes tes actions, qu'elle accompagne toutes tes paroles.

X.

Que la raiſon te conduiſe juſques dans les moindres choſes.

XI.

Souviens-toi bien que tous les hommes ſont deſtinés à la mort.

XII.

La fortune ſe plaît à changer: elle ſe laiſſe poſſéder, elle s'échappe. Éprouves-tu quelques uns de ces revers que les deſtins ſont éprouver aux mortels? ſache les ſupporter avec patience; ne t'indigne pas contre le ſort. Il eſt permis de chercher à réparer nos malheurs; mais ſois bien perſuadé que la fortune n'envoie pas aux mortels vertueux des maux au-deſſus de leurs forces.

XIII.

Il ſe tient parmi les hommes de bons diſcours & de mauvais propos. Ne te laisse pas effrayer par de vaines paroles: qu'elles ne te détournent pas des projets honnêtes que tu as formés.

XIV.

Tu te vois attaqué par le menfonge? prends patience, fupporte ce mal avec douceur.

XV.

Obferve bien ce qui me refte à te preferire: que perfonne par fes actions, par fes difcours, ne puiffe t'engager à rien dire, à rien faire qui doive te nuire un jour.

XVI.

Confulte-toi bien avant d'agir: crains, par trop de précipitation, d'avoir à rougir de ta folie. Dire & faire des fottifes eft le partage d'un fot.

XVII.

Ne commence rien dont tu puiffes te repentir dans la fuite. Garde-toi d'entreprendre ce que tu ne fais pas faire, & commence par t'inftruire de ce que tu dois favoir. C'eft ainfi que tu meneras une vie délicieufe.

XVIII.

Ne néglige pas ta fanté: donne à ton corps, mais avec modération, le boire, le

manger, l'exercice. La mefure que je te
prefcris eft celle que tu ne faurois paffer
fans te nuire.

XIX.

Que ta table foit faine, que le luxe en
foit banni.

XX.

Évite de rien faire qui puiffe t'attirer
l'envie.

XXI.

Ne cherche point à briller par des dépenfes déplacées, comme fi tu ignorois ce
qui eft convenable & beau. Ne te pique
pas non plus d'une épargne exceffive. Rien
n'eft préférable à la jufte mefure qu'il faut
obferver en toutes chofes.

XXII.

N'entame point un projet qui doive
tourner contre toi-même : réfléchis avant
d'entreprendre.

XXIII.

N'abandonne pas tes yeux aux douceurs du fommeil avant d'avoir examiné
par trois fois les actions de ta journée.
Quelle faute ai-je commife? Qu'ai-je fait?

A quel devoir ai-je manqué? Commence par la premiere de tes actions, & parcours ainfi toutes les autres. Reproche-toi ce que tu as fait de mal; jouis de ce que tu as fait de bien..*)

XXIV.

Médite fur les préceptes que je viens de te donner, travaille à les mettre en pratique, apprends à les aimer. Ils te conduiront fur les traces de la divine vertu; j'en jure par celui qui a tranfmis dans nos ames le facré quaternaire, **) fource de la nature éternelle.

*) Cette maxime mérite bien de faire conferver avec refpect les vers dorés.

**) Chez les pythagoriciens, la monade ou l'unité repréfente Dieu même, parcequ'elle n'eft engendrée par aucun nombre, qu'elle les engendre tous, qu'elle eft fimple & fans aucune compofition. La dyade, ou le nombre deux, eft l'image de la nature créée, parcequ'elle eft le premier produit de l'unité, parcequ'elle eft compofée, parcequ'ayant des parties elle peut fe décompofer & fe diffoudre. La monade & la dyade réunis forment le ternaire, & répréfentent l'immenfité de tout ce qui exifte, l'être immuable, & la matiere altérable & chan.

XXV.

Avant de rien commencer, adreſſe tes
vœux aux immortels, qui ſeuls peuvent
conſommer ton ouvrage. C'eſt en ſuivant
ces pratiques que tu parviendras à connoître par quelle concorde les dieux ſont liés
aux mortels, quels ſont les .paſſages de
tous les êtres, & quelle puiſſance les domine. Tu connoîtras, comme il eſt juſte, que la nature eſt, en tout, ſemblable
à elle-même. Alors tu ceſſeras d'eſpérer
ce que tu eſpérerois en vain, & rien ne te
ſera caché. *)

XXVI.

Tu connoîtras que les hommes ſont
eux-mêmes les artiſans de leurs malheurs.
Infortunés! ils ne ſavent pas voir les biens
qui ſont ſous leurs yeux; leurs oreilles ſe
ferment à la vérité qui leur parle. Combien peu connoiſſent les vrais remedes de
leurs maux! C'eſt donc ainſi que la deſti-
née bleſſe l'éntendement des. humains!

geante. J'ignore par quelle propriété
le quaternaire, le nombre quatre, eſt encore un emblême de la divinité.

*) Pythagore croyoit ſans doute entendre
tout cela, & tout le monde croyoit auſſi l'entendre dans ſon école.

Semblables à des cylindres fragiles, ils roulent çà & là, se heurtant sans cesse, & se brisant les uns contre les autres.

XXVII.

La triste discorde, née avec eux, les accompagne toujours & les blesse, sans se laisser appercevoir. Il ne faut pas lutter contre elle, mais la fuir en cédant.

XXVIII.

O Jupiter, pere de tous les humains, vous pourriez les délivrer des maux qui les accablent, & leur faire connoître quel est le génie funeste auquel ils s'abandonnent.

XXIX.

Mortel, prends une juste confiance. C'est des dieux mêmes que les humains tirent leur origine: la sainte nature leur découvre tous ses secrets les plus cachés. *)

*) Les pythagoriciens croyoient, par l'abstinence & les purifications, pouvoir communiquer avec les dieux, & participer à leur science. Porphyre nous apprend que de tristes contemplatifs se font quelquefois crevé les yeux pour mieux appercevoir la vérité intérieure en se détachant du spectacle des choses terrestres.

Si elle daigne de les communiquer, il ne
te fera pas difficile de remplir mes préceptes. Cherche des remedes aux maux que
tu endures; ton ame recouvrera bientôt
la fanté.

XXX.

Mais abftiens-toi des aliments que je
t'ai défendus. Apprends à difcerner ce qui
eft néceffaire dans la purification & la dé-
livrance de l'ame. Examine tout, donne
à ta raifon la premiere place, &, content
de te laiffer conduire, abandonne-lui les
rênes.

XXXI.

Ainfi, quand tu auras quitté tes dé-
pouilles mortelles, tu monteras dans l'air
libre, tu deviendras un dieu immortel, in-
corruptible, & la mort n'aura plus d'empire fur toi.

SEN-

SENTENCES
DE
DÉMOPHILE,
PYTHAGORICIEN.

I.

Ne laiſſe pas ta raiſon tomber dans la langueur: ſon ſommeil eſt plus funeſte que celui de la mort.

II.

Dieu ne peut éprouver la colere. Il punira, ſans doute, les coupables qui réfuſent de le reconnoître, il frappera l'impie, mais ſans être irrité. Les hommes ſe fâchent parcequ'on réſiſte à leur volonté; mais rien peut-il ſe faire contre la volonté de Dieu?

III.

Le ſage honore la divinité, même par ſon ſilence: il lui plaît, non par ſes paroles, mais par ſes actions.

N

IV.

Je compare la vie aux cordes d'un in-
strument de musique, qu'il faut tendre &
relâcher pour qu'elles rendent un son plus
agréable.

V.

Il est bien plus utile de s'entretenir
avec soi-même qu'avec les autres.

VI.

Les hommes qui se vantent le plus ressemblent trop souvent à des armes dorées:
le dehors semble précieux; ôtez la super-
ficie, vous he trouverez qu'un vil métal.

VII.

Il n'est de veritables biens que ceux de
l'esprit. On peut les communiquer sans
en rien perdre; ils s'augmentent quand on
les partage. Mais un si riche trésor ne se
peut acquérir au sein de la paresse.

VIII.

Les paroles du sage ressemblent à ces
baumes salutaires qui nous soulagent dans
nos maux & nous réjouissent dans la santé.

IX.

Riez du mépris & des éloges de l'in-

fenfé: regardez fa vie entiere comme un
opprobre.

X.

Le fage fe retire modeftement de la
vie comme d'un feftin.

XI.

Les facrifices des infenfés ne font que
des aliments pour le feu, & les offrandes
qu'ils dépofent dans les temples, que des
appas pour les voleurs facrileges.

XII.

La fauffeté ne peut long-tems fe foutenir, elle n'a qu'un inftant pour tromper.

XIII.

L'ampleur exceffive des vêtements em-
barraffe les mouvemens du corps; une
trop grande fortune gêne ceux de l'ame.

XIV.

Bien plus cruellement tourmenté par
la confcience de fes crimes que s'il étoit
déchiré par les fouets des Furies, l'homme
injufte porte fon fupplice dans fon fein.

XV.

C'eft au terme de la carriere qu'on re-

çoit le prix de la courfe; c'eſt vers la fin
de la vie qu'on cueille la palme de la fageſſe.

XVI.

Les peines que tu feras aux autres ne
tarderont pas à retomber ſur toi-même.

XVII.

La terre nous fait attendre une année
entiere ſes préſents: on recueille à chaque
inſtant les doux fruits de l'amitié.

XVIII.

Lorſque le vent eſt favorable, le prudent nocher ſe précautionne contre la tem-
pête: le ſage, dans la proſpérité, ſe ménage des reſſources contre l'infortune.

XIX.

Ce n'eſt pas acquérir une ſcience mépriſable, que d'apprendre à ſupporter la
ſottiſe des ignorants.

XX.

Préfere l'étranger qui aime la juſtice à
tes plus proches parents qui ne la reſpe-
ctent pas.

XXI.

Fais ce que tu ſais être honnête, ſans
en attendre aucune gloire; n'oublie pas

que le vulgaire eſt un bien mauvais juge
des bonnes actions.

XXII.

Le muſicien fait accorder ſa lyre; &
le ſage, mettre ſon eſprit d'accord avec
tous les eſprits.

XXIII.

Donne ta confiance aux actions des
hommes, ne l'accorde pas à leurs discours: on ne voit que des gens qui vivent
mal & parlent bien.

XXIV.

Se livrer aux perfides inſinuations du
flatteur, c'eſt boire du poiſon dans une
coupe d'or.

XXV.

L'hirondelle nous amene la belle ſai-
ſon; & les paroles du ſage, la tranquillité
de l'ame.

XXVI.

Ne promets pas des merveilles, & fais
de grandes choſes.

XXVII.

C'eſt dans le ſein de la tempérance

que l'ame réunit toutes ses forces: c'est
dans le calme des passions qu'elle est éclai-
rée de la véritable lumiere. L'insensibili-
té du tombeau ne vaut-elle pas mieux que
l'inutilité d'un esprit offusqué par l'incon-
tinence?

XXVIII.

Le furieux tourne ses armes contre
son propre sein: l'insensé ne fait usage de
ses richesses que pour se nuire à lui-même.

XXIX.

Appellerez-vous heureux celui qui
fonde son bonheur sur ses enfants, sur ses
amis, sur des choses fragiles & périssables?
En un moment, toute sa félicité peut s'é-
vanouir. Ne connoissez d'autre appui que
vous-même & la divinité.

XXX.

Il en est des jeunes gens comme des
plantes: on connoît à leurs premiers fruits
ce qu'on doit en attendre pour l'avenir.

SENTENCES
DE
DÉMOCRATE.

I.

On peut, en perfectionnant sa raison, corriger bien des vices du corps: mais les forces du corps, si la raison ne les dirige, ne peuvent rendre l'esprit meilleur.

II.

Il est beau de s'opposer aux attentats de l'homme injuste: si tu n'en a pas le pouvoir, ne te rends pas du moins son complice.

III.

Évite les fautes, non par crainte, mais parceque tu le dois.

IV.

Les avantages du corps, tous ceux de la fortune, ne font pas le bonheur: il ne se trouve que dans la droiture & l'équité.

V.

Il reste une bien douce consolation aux malheureux; c'est d'avoir fait leur devoir.

VI.

Tu as fait une chose honteuse; commence à rougir de toi-même. Le coupable qui se repent n'est pas encore perdu.

VII.

On ne te demande pas beaucoup de paroles; on n'exige de toi que la vérité.

VIII.

Tu supportes des injustices; console-toi; le vrai malheur est d'en faire.

IX.

Ne rougis pas de te soumettre aux loix, au prince, au sage qui en sait plus que toi.

X.

Ces gens qui se plaisent à contre-dire, & qui veulent tout savoir, ont un malheur; c'est qu'ils ne peuvent apprendre ce qui est vraiment utile. C'est perdre le tems que de vouloir éclairer l'orgueilleux qui s'étonne lui-même de ses propres lumieres.

XI.

Il eſt des caracteres heureux, qui, ſans avoir cultivé la raiſon, y conforment cependant toute leur vie.

XII.

On ne peut te reprocher aucune injuſtice : c'eſt trop peu ; bannis même l'injuſtice de ta penſée. Ce ne ſont pas ſeulement les actions, c'eſt la volonté qui diſtingue le bon du méchant.

XIII.

Les ſots n'apprennent rien de la raiſon, l'adverſité peut les inſtruire. On a vu quelquefois l'imprudent devenir un ſage dans l'infortune.

XIV.

Ce ne ſont pas de belles paroles, c'eſt une conduite vertueuſe qui rend hommage à la vertu.

XV.

La force & la beauté ſont le prix d'un courſier généreux ; les bonnes mœurs, celui de l'homme.

XVI.

Pour exercer un métier, on commen-
N v

ce par en faire l'apprentiſſage: pour pratiquer la ſageſſe, il faut s'en être fait une étude.

XVII.

Tout eſt perdu quand les méchants ſervent d'exemple & les bons de riſée.

XVIII.

N'eſt-ce pas une honte de chercher à approfondir les affaires des autres, & de ne pas connoître les ſiennes?

XIX.

Celui qui diffère toujours laiſſera ſon ouvrage imparfait.

XX.

On voit une foule de gens qui ſemblent merveilleux, & qui ne paient que d'apparence: ils font tout en paroles, & n'agiſſent jamais.

XXI.

Il n'eſt pas inutile d'acquérir des richeſſes; mais rien n'eſt plus dangereux que d'en acquérir injuſtement. Heureux qui joint un jugement ſain aux faveurs de la fortune! Il ſaura dans l'occaſion faire un bel uſage de ſes tréſors.

XXII.

L'ignorance du bien est la cause du mal.

XXIII.

N'est-ce pas une odieuse préfomption de vouloir parler de tout & de ne rien vouloir écouter?

XXIV.

Avant de recevoir un bienfait, examinez bien comment vous en pourrez marquer votre reconnoiffance.

XXV.

Obfervez de près le méchant, de peur qu'il ne faififfe l'occafion de faire du mal.

XXVI.

Que fouvent il en coûte peu pour exercer l'humanité! Un foible bienfait, répandu à propos, peut quelquefois fauver l'honneur ou la vie de celui qui le reçoit.

XXVII.

Mais celui que je vais obliger eft peut-être un fourbe qui ne reconnoîtra mes bienfaits que par le mal qu'il s'apprête à me faire.... L'homme bienfaifant cherché à contenter fon cœur: que lui importe d'obtenir du retour?

XXVIII.

Louez les belles actions: c'est avoir
l'ame vile d'un lâche imposteur que de
prostituer son suffrage à celles qui ne le
font pas. Mais souvenez-vous que le sage ne dédaigne pas l'estime qu'on lui accorde, & qu'il ne se montrera jamais in-
férieur aux honneurs qui lui seront dé-
cernés.

XXIX.

Celui qui ne peut même trouver un
seul ami est-il digne de vivre? & celui qui
n'aime personne peut-il donc être aimé?

XXX.

Ceux qui ont toujours la plainte dans
la bouche sont incapables de trouver des
amis.

XXXI.

Hommes, ne rions pas des foiblesses
de l'humanité: elles doivent bien plutôt
faire couler nos larmes.

XXXII.

Louer les gens médiocres, c'est leur
faire bien du tort.

XXXIII.

Laisse les autres faire ton éloge, & si
tu ne te connois pas les qualités qu'ils cé-

lebrent en toi, fois convaincu que ce font des flatteurs.

XXXIV.

L'amitié d'un feul fage vaut mieux que celle d'un grand nombre de fous.

XXXV.

La vie eft un paffage, le monde eft une falle de fpectacle. On entre, on regarde, on fort.

VIE
DE
MÉNANDRE.

C'étoit une redoutable cenfure que celle de l'ancienne comédie grecque. Le citoyen qu'elle dévouoit à la rifée publique étoit expofé en plein théâtre, fous fon nom, fous fes habits, fous un mafque ref-femblant à fes traits. Cette liberté pouvoit être utile dans un petit état où les mœurs publiques étoient encore honnêtes: elle prévenoit, par la crainte de la honte, les fautes que les loix auroient punies, & celles qu'elles n'auroient pu venger: elle indiquoit à la patrie les fujets qu'elle devoit redouter; baffoués par leurs concitoyens réunis, ils ne pouvoient plus être dangereux.

Mais quand les mœurs fe furent géné-ralement corrompues, quand les généraux, les magiftrats, les orateurs, les prêtres, les

fophiftes, furent devenus des fujets de comédie, cette même liberté fut regardée
comme une licence dangereufe qui répan-
doit l'inquiétude & la défiance dans tous
les efprits. La plaie, trop envenimée, ne
pouvoit plus être montrée fans faire horreur. On vit naître alors la comédie nouvelle, qui garda le filence fur les vices,
refpecta les perfonnes, & fe contenta de
peindre les ridicules. Ariftophane avoit
été le prince de l'ancienne comédie; Ménandre le fut de la nouvelle.

Il floriffoit vers la cent quinzieme
olympiade, environ 318 ans avant notre
ere. Né à Athenes, éleve de Théophra-
fte pour la philofophie, il le fut du pöete
comique Alexis pour l'art du théâtre. Il
compofa plus de cent comédies dont il ne
refte que des fragments, & remporta plufieurs fois le prix des jeux fcéniques. Le
grand nombre d'ouvrages que produi-
foient les anciens poëtes dramatiques, femble prouver que l'art étoit moins difficile
alors qu'il ne l'eft aujourd'hui, & furtout
que le mécanifme de la verfification grecque étoit plus aifé que le nôtre.

Ménandre n'eut point de rivaux pour
l'élégance & la pureté du ftyle. Ses en-

nemis lui reprocherent de nombreux pla-
giats; mais il n'eſt pas vrai qu'il ait volé
ſes prédéceſſeurs s'il a ſu les embellir.

Ce n'eſt pas une foible gloire, dit Horace, de plaire aux chefs des nations: Ménandre eut cet honneur; il mérita l'eſtime
& l'amitié du roi de Macédoine, & de Pto-
lémée, fils de Lagus, roi d'Egypte. L'antiquité a conſervé long-tems les lettres
qu'il avoit écrites à ce dernier prince. Il
avoit laiſſé quelques autres ouvrages en
proſe que le tems n'a pas plus reſpectés
que ſes vers.

Il n'étoit âgé que de cinquante-deux
ans quand il ſe noya en ſe baignant dans
le Pirée. On lui éleva près du rivage un
tombeau qu'on montroit encore aux voya-
geurs dans le tems de Pauſanias. *)

*) Dans le ſecond ſiecle de notre ere, en-
viron cinq ſiecles après la mort de Ménandre.

PENSÉES MORALES
de Ménandre.

I.

La paix nourrit le cultivateur, même sur des roches infertiles : la guerre le détruit, même au milieu des plus riches campagnes.

II.

Devons-nous faire une navigation de quatre jours ? nous ne négligeons pas de pourvoir à tout ce qui nous sera nécessaire : mais nous ne pensons pas de même à nous ménager quelques ressources pour la vieillesse ; c'est un voyage que nous avons le tems de prévoir, & pour lequel nous ne faisons aucun apprêt.

III.

Ta main ne peut retenir la pierre qu'elle vient de lancer, ni ta bouche le mot quelle a proféré.

IV.

Une fille en âge de plaire n'a pas be

O

foin de parler: fon filence même eft éloquent, & la perfuafion s'affied fur fes levres clofes.

V.

Tant que nous jouiffons d'une vie paifible, tant que nous ne fommes agités d'aucune crainte, nous n'attribuons pas à la fortune notre profpérité: mais dès que nous fommes tombés dans le malheur, c'eft elle que nous accufons de tous nos maux.

VI.

Ton corps fouffre: mande le médecin. Ton ame eft dans la langueur: fais appeller ton ami; la douce voix de l'amitié eft le plus fûr remede contre l'affliction.

VII.

La plus grande confolation dans l'infortune eft de trouver des cœurs compatiffants.

VIII.

La pauvreté devroit être le plus foible des maux, puifqu'elle peut être à l'inftant foulagée par un ami.

IX.

C'eft par le feu qu'on examine l'or; c'eft par le tems que l'on connoît les amis.

Celui qui flatte fon ami dans la fortune,
aime la fortune, & non pas fon ami.

X.

Tu envies le fort de ces mortels qui pa-
roiffent fi floriffants: apprends à lire dans
leurs cœurs, tu les verras fouffrir comme
nous.

XI.

Je croyois que les riches n'avoient jamais recours à l'emprunt; que jamais la
plainte ne fortoit de leur bouche; que
doucement plongés dans le fein d'un paifible fommeil, fans foucis, fans inquiétu-
des, on ne les entendoit jamais gémir fur
leurs lits de duvet: pauvre moi-même, je
penfois que les foins, les larmes, les tour-
ments, étoient réfervés aux pauvres. Mais
je vois à préfent que ces hommes qu'on
appelle heureux, reffemblent parfaitement
à nous autres infortunés.

XII.

Si, dans les maux qui vous affligent,
vous penfez aux motifs de confolation
qu'ils vous offrent eux-mêmes, vous pourrez les fupporter avec moins de peine:
mais fi vous n'êtes occupés que de vos fouf-
frances, fi vous ne leur oppofez pas ce qui

doit les adoucir, vous ne verrez jamais aucun terme à vos douleurs.

XIII.

L'espérance est le bien qui reste au malheureux.

XIV.

O riche superbe! toi qui leves ta tête jusques aux cieux, la mort bientôt saura te la faire baisser. Tu possedes aujourd'hui mille arpents de terre; demain six pieds de terre suffiront pour ta sépulture.

XV.

Est-il un être plus malheureux que le pauvre? Il dit la vérité, & personne ne veut le croire: il travaille, il veille, il se fatigue, pour qu'un autre usurpe & goûte tranquillement le fruit de ses peines.

XVI.

Toi seul, de tous les mortels, aurois-tu donc été formé pour être toujours heureux, pour ne faire que ce qui flatte tes caprices? Si c'est à cette condition que les Dieux t'ont donné le jour, ils t'ont trompé, j'en conviens, & tu as raison de te plaindre: mais si tu as reçu la vie aux mêmes loix que nous, si tu respires l'air au même prix que nous en jouissons, tu dois suppor-

ter avec plus de réfignation les maux qui
font notre partage. Tu es homme; c'eſt
dire aſſez que, de tous les animaux, tu es
celui qui s'éleve à une plus grande hauteur
pour retomber enſuite plus bas. Il feroit
injuſte d'en murmurer : car il n'eſt pas d'a-
nimal plus foible que l'homme ; & cette
créature ſi débile eſt celle qui s'occupe de
plus grands projets, & dont la chûte entraîne le plus de maux après elle.

XVII.

La parole cauſe bien des maux ; fouvent elle a perdu celui qui l'a proférée :
tais-toi, ou dis quelque choſe qui vaille
mieux que ton ſilence.

XVIII.

Ne regarde pas ſi je ſuis jeune : examine ſeulement ſi mes diſcours ſont ceux
d'un homme prudent.

XIX.

Les animaux ſont plus heureux & bien
plus raiſonnables que l'homme. Voyez
cette bête de ſomme, objet de vos mépris :
il ſemble que le ſort ſe ſoit fait un jeu de
l'accabler ; mais contrainte de ſupporter ce
que lui impoſe la nature, elle ne ſouffre du
moins aucun mal dont elle puiſſe s'accuſer

elle-même. L'homme feul n'eft pas content de tous les maux que la néceffité ras-
femble fur fa tête; il fait encore s'en for-
ger de nouveaux: un éternuement porte
le trouble dans fon ame, *) une parole dés-
agréable l'irrite, un fonge l'épouvante, le cri
d'une chouette le met hors de lui; les pro-
cès, les préjugés, l'ambition, les loix que
nos crimes feuls ont rendues néceffaires,
font autant de maux que nous avons ajou-
tés à la nature.

XX.

Quand un pere réprimande durement
fon fils, s'il eft févere dans fes difcours,
dans le cœur il eft toujours pere.

XXI.

Sais-tu quel eft le plus courageux des
hommes? c'eft celui qui peut fupporter
fans fe plaindre le plus grand nombre d'injuftices.

XXII.

Si les pleurs remédioient à nos peines;
fi, dès qu'on fe plaint, on ceffoit de fouffrir, il faudroit acheter les larmes au poids
de l'or. Mais la fortune eft infenfible à nos
gémiffements; elle fuit fon caprice, fans

---

*) Les anciens regardoient les éternuements comme des
préfages fâcheux: de là cet ufage qui fubfifte encore
de faire des vœux pour celui qui éternue.

écouter nos cris, fans remarquer notre filence. A quoi fert de pleurer? à rien fans
doute: mais hélas! le malheur fait naître
les larmes, comme les arbres produifent
leurs fruits.

XXIII.

Il n'eft point d'armes plus puiffantes que
la vertu.

XXIV.

La cupidité fe tourne contre celui qu'elle
domine. En voulant ravir le bien d'autrui,
on eft fouvent trompé dans fes coupables
efpérances, & l'on voit paffer fa propre fortune entre les mains des autres.

XXV.

Tu prêtes une oreille crédule à la calomnie; tu as donc un méchant cœur, ou la
fimplicité d'efprit d'un enfant.

XXVI.

Il eft trois fouverains qui gouvernent
defpotiquement les hommes, qui feuls les
font agir: la loi, l'ufage, & la néceffité.

XXVII.

La voix du vieillard eft agréable au vieillard; l'enfant plaît au compagnon de fon en-
fance; & la femme donne la préférence à
fon fexe: le malade eft confolé par la vue du
malade, & l'afpect du malheureux offre quelque
douceur à celui qui gémit dans l'infortune.

XXVIII.

Oublie ce que tu as donné; fouviens-toi
de ce que tu as reçu. Mais la reconnoiffan-

ce vieillit promptement, & ne furvit guere aux bienfaits.

XXIX.

Tu es pauvre, & tu époufes une femme riche. Ne dis pas que tu prends une femme; dis que tu te livres à l'efclavage.

XXX.

Ce font les bonnes mœurs & non les riches atours qui parent les femmes: elles font la ruine ou le falut des familles.

XXXI.

C'eft le tems qui met au jour la vérité. Souvent elle fe montre lorfqu'on ne penfe pas à la chercher.

XXXII.

Nous fommes tous des fages quand il s'agit de donner des confeils: faut-il éviter de faire des fautes? nous ne fommes plus que des enfants.

XXXIII.

Ofer entreprendre beaucoup, c'eft s'expofer à bien des fautes.

XXXIV.

L'ignorance ne voit pas même ce qui frappe fes regards.

XXXV.

Tu veux qu'on te rende juftice; fois jufte.

FIN.

CPSIA information can be obtained at www.ICGtesting.com
Printed in the USA
BVOW010046070513

320055BV00020B/742/P